Dalai

Tag für Tag zu

HERDER spektrum

Band 5649

Das Buch

Die mehr als zweitausendjährige Tradition des Buddhismus und die Weisheit des eigenen Lebens verdichten sich in den hier versammelten Texten des Dalai Lama. Sie sprechen vom wechselseitigen Verständnis der Religionen und geben Anstöße für den Weg zum inneren und äußeren Frieden. Sie zeigen, wie wir mit schwierigen Gefühlen wie Zorn und Ärger so umgehen können, dass sie weder unser Leben noch das der anderen vergiften. Sie betonen, dass es auf dem spirituellen Weg nicht nur auf den Geist, sondern vor allem auch auf die Qualitäten des Herzens ankommt. Jeder Einzelne kann dazu beitragen, dass die Welt sich nicht nur wissenschaftlich und materiell, sondern auch geistig weiter entwickelt. Dass dies möglich ist, davon ist der Dalai Lama zutiefst überzeugt. Und so sind die Texte dieses Buches Ausdruck nicht nur der Weisheit, sondern auch eines gelassenen Herzens – Impulse für den Weg zur eigenen Mitte. Sie helfen entdecken, worauf es wirklich ankommt: Tag für Tag.

Der Autor

Der XIV. Dalai Lama, Tenzin Gyatso, geb. 1935, geistliches und weltliches Oberhaupt der Tibeter, Träger des Friedensnobelpreises. Bei Herder Spektrum u. a.: „Einführung in den Buddhismus", „Der Weg zum Glück", „Der Weg zum sinnvollen Leben", „Glücksregeln für den Alltag", „Wie man besser leben kann".

Dalai Lama

Tag für Tag zur Mitte finden

Lesebuch durch das Jahr

Aus dem Englischen von Klaus Bloch

HERDER

FREIBURG · BASEL · WIEN

Titel der Originalausgabe: The Path to Tranquillity. Daily Meditations
Penguin Books India

4. Auflage 2009

www.herder.de

Umschlagkonzeption und -gestaltung:
R · M · E München/Roland Eschlbeck, Liana Tuchel
Umschlagmotiv: © Caro/Waechter

Satz: DTP-Studio Helmut Quilitz, Denzlingen
Herstellung: fgb · freiburger graphische betriebe
www.fgb.de

Gedruckt auf umweltfreundlichem, chlorfrei gebleichtem Papier
Printed in Germany

ISBN 978-3-451-05649-9

VORWORT

THE DALAI LAMA

In unserem menschlichen Dasein erstreben wir alle Glück und versuchen Leiden zu vermeiden. Wenn wir dies im Rahmen unserer begrenzten Lebenserfahrung erreichen wollen, ist es höchst wichtig und wertvoll, dass wir in uns nicht nur eine positive geistige Einstellung schaffen, sondern diese auch über die Zeit aufrechterhalten. In der buddhistischen Tradition, der ich angehöre, besteht der beste Weg zu diesem Ziel in der Meditation. Obwohl Meditation zuweilen darin bestehen mag, eine bestimmte äußere, feste Körperhaltung einzunehmen, um den Geist dadurch gleichsam ruhig zu stellen, kann sie auch darauf abzielen, immer wieder von neuem positive Gedanken zu entwickeln und an ihnen festzuhalten. Dies ist auch der Grund dafür, dass wir Buddhisten regelmäßig Schriften und Gebete lesen und laut rezitieren. Ich selbst habe über viele Jahre hinweg große

Inspiration aus einem kleinen Werk mit dem Titel „Acht Verse zum Üben des Geistes „ empfangen. Es enthält viele nützliche Ratschläge, die im Kern besagen, dass wir andere wichtiger als uns selbst nehmen, den verwirrenden Gefühlen, die unseren Seelenfrieden gefährden, entgegenwirken und unseren Mitmenschen Gutes tun sollen, wobei wir zugleich alles Übel, dem wir immer wieder ausgesetzt sind, mit Fassung tragen sollten.

Dieses Buch enthält Zitate und Gedanken für jeden Tag. Mit Demut bete ich dafür, dass seine Leser in ihnen Erleuchtung finden mögen, um jenen tiefen Seelenfrieden zu finden, der den Schlüssel zu andauerndem Glück bildet.

ANMERKUNG DER HERAUSGEBERIN

Dieses Buch ist eine Sammlung von täglichen Gedanken, die Seine Heiligkeit, der Dalai Lama, entwickelt hat. Es stellt auch den Beitrag Seiner Heiligkeit zur Erhaltung der alten indischen Weisheitstradition dar. Mein Verleger schlug ursprünglich dieses Buchprojekt vor, und Seine Heiligkeit gab ihm seine Zustimmung und seinen Segen. So begann ich Anfang letzten Jahres, dieses Projekt umzusetzen.

Ich bin mir der Grenzen, die diese Auswahl notwendigerweise mit sich bringt, sehr bewusst. Die Zitate habe ich aus den Schriften, Lehren und Interviews Seiner Heiligkeit zusammengetragen. Ich möchte meiner Hoffnung Ausdruck geben, dass die kleine Auswahl dieser Zitate die Gedanken, Sorgen und Hoffnungen Seiner Heiligkeit in geistiger, geistlicher und weltlicher Hinsicht in ihrem wesentlichen Kern widerspiegeln und seine Botschaft – die Notwendigkeit von weltumspannender Verantwortung, Mitgefühl und Weltfrieden – verbreiten mögen. Ebenso möchte ich mit diesen Zitaten alle Laien und Dharma-Schüler an den unterschiedlichen Möglichkeiten und neuen Horizonten teilhaben lassen, die sich vor mir auftaten, wie auch an den auf den ersten Blick einfach erscheinenden, in sich jedoch komplexen Kerngedanken Seiner Heiligkeit. Dabei darf nicht vergessen werden, dass Begriffe wie „Hören“, „Geben“, „Denken", „Meditieren" etwas Prozesshaftes bezeichnen und deshalb im Zusammenhang mit der buddhistischen Praxis von *Bodhicitta,* dem Streben nach Erleuchtung zum Nutzen aller, gesehen werden müssen.

Im Vorwort verweist Seine Heiligkeit sehr richtig auf die „Acht Verse zum Üben des Geistes". Vor dem Hintergrund meiner eigenen Erfahrungen kann ich für ihre unbezweifelhafte Wirksamkeit bürgen und möchte sie deshalb an dieser Stelle vorstellen:

I

Mit der inneren Entschlossenheit,
das höchste Wohl für alle Wesen zu vollbringen,
die an Güte selbst den Wünsche
erfüllenden Edelstein übertreffen,
möge ich sie immer in meinem Herzen
lieb und teuer halten.

II

Wann immer ich mich in den Kreis anderer begebe,
möge ich mich als den Niedrigsten unter allen betrachten
Und tief im Innern meines Herzens
alle anderen als die Höchsten erachten.

III

In allen meinen Handlungen möge ich
meinen Geist untersuchen;
treten Klesha oder Illusionen auf
und gefährden mich und andere,
möge ich dann mutig auftreten und sie abwehren.

IV

Wenn ich Wesen erblicke, gezeichnet durch Schlechtigkeit,
oder bedrängt von furchtbarer Sünde oder Leid,
möge ich diese als meine lieben, treuen Freunde halten,
so als hätte ich einen wertvollen Schatz gefunden.

V

Wenn andere mich aus Neid heraus quälen
zu Unrecht beschimpfen und verleumden,
will ich die Niederlage annehmen
und den Sieg den anderen lassen.

VI

Wenn jemand, dem ich gut getan und
Hoffnung gegeben, mich tief verletzt,
Möge ich ihn zu
meinem höchsten Lehrmeister machen.

VII

Möge ich auf jede Weise
Nutzen und Glück allen meinen Müttern geben
und im Stillen auf mich nehmen
all ihr Leid und ihren Schmerz.

VIII

Möge alles von Makel frei und unbefleckt bleiben
und möge ich auf der Hut sein vor den
acht weltlichen Prinzipien,
durch das Erkennen der Illusionen aller Dharmas
aus der Knechtschaft des Samsara mich lösen
und befreit werden.

Meinem Lehrer und Freund, Seiner Heiligkeit Tenzin Gyatso, dem vierzehnten Dalai Lama, bin ich für seine Unterstützung und seinen Segen, seine Zusammenarbeit und Geduld bei diesem Projekt zu großem Dank verpflichtet. Desgleichen möchte ich Lahakdor danken, der mir schnell und problemlos bisher unveröffentlichtes Material aus den Schriften Seiner Heiligkeit hat zukommen lassen und mich mit seiner unschätzbaren Hilfe und vielen wertvollen Vorschlägen unterstützt hat.

Ich danke Lind und Ashok Jhalani, Antonella und Naresh Mathur und Alison Ramsey, die einem Teil der Zusammenstellung in diesem Buch zugestimmt haben. Mein Dank gilt ebenso Prama und Ranli Bhandari für ihre moralische Unterstützung und Sunita Kakaria, die sich um mich in McLeod Ganj gekümmert hat. Auch möchte ich meine Hochschätzung gegenüber V. K. Karthika und Sudeshne Shome Ghosh vom Verlag Penguin für ihre Hilfe zum Ausdruck bringen. In jeder Phase des Projekts haben sie mit mir äußerst gewissenhaft zusammengearbeitet. Die finanzielle Hilfe von Derek Goh, mit der es gelang, die Erlaubnis zur Veröffentlichung der ausgewählten Zitate zu erhalten, kam sozusagen „fünf Minuten vor zwölf" als eine angenehme und echte Überraschung; ihm bin ich dankbar dafür, dass er das Projekt unterstützt und vor dem Scheitern bewahrt hat.

Letztendlich gilt es meiner Familie zu danken: Pritam Singh, Jyoti und Paul, Ashma und Tsagaadi; Sumeet und Supriti für ihre Hilfe, die es mir ermöglichte, einen Großteil meiner Zeit diesem Projekt widmen zu können.

Dieses kleine Werk ist allen Menschen zugeeignet, die sich das Beste für ihr Wohl und ihr Glück wünschen.

Renuka Singh

JANUAR

1. Januar

Wenn du aufrechten und offenen Herzens bist, empfindest du auf natürliche Weise Selbstwert und Vertrauen – und brauchst vor anderen keine Angst zu haben.

2. Januar

Was versteht man unter einem guten Leben? Es ist nicht mit einem angenehmen Leben gleichzusetzen, in dem sich alle materiellen Wünsche und Träume erfüllen. Es ist vielmehr ein Leben, das in ethischer Verantwortung gelebt wird.

3. Januar

Ich glaube, der Schlüssel für Glück und Erfolg jeder Art von Gesellschaft – ob Familie, Stamm, international oder national – liegt darin, dass das Mitgefühl für einander wächst.

4. Januar

Alle großen Religionen auf dieser Welt, ob es Buddhismus, Judaismus, Christentum, Islam, Konfuzianismus, Hinduismus, Jainismus, der Glaube der Sikhs, Taoismus, Zoroastrismus ist – alle haben ähnliche Vorstellungen vom Ideal der Liebe. Der letzte Sinn ihrer religiösen und spirituellen Übungen ist die tätige Nächstenliebe.

5. Januar

Übermäßiger Konsum und Verbrauch von Dingen oder übertriebene Anstrengung, viel Geld zu verdienen, sind nicht gut. Aber ebensowenig ist bloße Zufriedenheit gutzuheißen. Grundsätzlich soll Zufriedenheit ein Ziel sein, aber einfach nur genügsam zu sein verhindert die Entwicklung und ist, als wäre man lebend tot.

6. Januar

Um etwas langfristig zu verändern, muss man lernen, falls es notwendig ist, kurzfristig zu verzichten.

7. Januar

Es ist wichtig zu wissen, dass es drei Arten von Weisheit gibt: Weisheit, die aus dem Hören entsteht, Weisheit, die aus dem Nachdenken entsteht, und Weisheit, die aus der Meditation entsteht.

8. Januar

Durch Gewalt können wir manches erreichen und durchsetzen, jedoch zumeist auf Kosten und zum Nachteil anderer. Obwohl wir kurzfristig ein Problem vielleicht lösen können, schaffen wir durch Gewalt zugleich die Grundlage für neue Schwierigkeiten. Der beste Weg, Probleme zu lösen, besteht in Verständnis und gegenseitigem Respekt.

9. Januar

Man darf mit seinen bösen Neigungen keine Kompromisse eingehen.

10. Januar

In einem einzelnen Menschen können eine ethische Grundeinstellung, menschliches Mitgefühl und das Ausüben von Religion zusammenkommen – wie es zum Beispiel bei mir der Fall ist –; aber auch ein anderer Mensch, der nicht einer Religion angehört, kann eine spirituelle Einstellung haben, ohne deshalb religiös sein zu müssen. Daraus folgt: Ein weltlich ausgerichteter Mensch kann Spiritualität üben – dabei ist jedoch menschliches Mitgefühl unabdingbar. Und wäre ich ein Diktator, würde ich verfügen, dass jeder nach dieser Maxime handeln müsste.

11. Januar

Religionen, Ideologien, Wirtschaftsformen und politische Systeme sind von Menschen geschaffen. Da sie Menschenwerk sind, müssen sie sich auch auf menschliche Gefühle, Seelenlagen, Bedingungen und den menschlichen Geist ausrichten und ihnen entsprechende Beachtung schenken. Werden diese „Systeme" zusammen mit Humanität angewandt, erfüllen sie grundlegende menschliche Bestrebungen und Notwendigkeiten. Die verschiedenartigen Religionen, Gedankensysteme und Weltanschauungen sollen dem Menschen dienen – und nicht umgekehrt.

12. Januar

Materieller Fortschritt alleine schafft noch keine ideale Gesellschaft. Auch in Ländern und Gesellschaften, in denen ein beeindruckender äußerer Wohlstand erreicht worden ist, haben geistig-seelische Probleme zugenommen. Keinerlei Gesetzgebung, geschweige denn äußerer Druck, kann das Wohl einer Gesellschaft herbeiführen oder gar verfügen, weil dieses Wohl auf die innere Haltung und Einstellung derjenigen Menschen angewiesen ist, die diese Gesellschaft bilden. Demnach ist gerade die geistige Entwicklung, im Gleichklang mit materiellem Fortschritt, von höchster Bedeutung.

13. Januar

Die allgemeine, menschliche geistig-seelische Entwicklung ist noch nicht abgeschlossen. Auch in unserem eigenen Inneren gibt es noch viel zu entdecken und zu erkennen. Das hat nichts mit religiösen Grundsätzen zu tun; es geht dabei vielmehr um eine geistige Einstellung. Einige Teile bzw. Fähigkeiten des Gehirns können in ihrer gesamten Kapazität vielleicht erst durch tiefe Meditation voll genutzt werden. Aber auch wenn wir sie nicht üben, sollen wir die Dinge auf herkömmliche Weise weiter erforschen. So betrachtet, ist der Mensch ein noch nicht vollendetes Wesen.

14. Januar

Es gibt Momente, in denen man durch Worte in Menschen eine weitreichende Wirkung hervorruft. Es gibt aber auch Momente, in denen man eine ebenso bedeutende Wirkung durch Schweigen schafft.

15. Januar

Alle Lebewesen, angefangen mit den Insekten, erstreben Glück und versuchen Leiden zu vermeiden. Jeder von uns ist, auf sich selbst bezogen, ein Einzelner, während die anderen viele, ja unzählige sind. Somit ist es viel wichtiger, dass alle anderen ihr Glück erreichen können, als dass jeder Einzelne nur für sich um sein eigenes alleiniges Glück besorgt ist.

16. Januar

Wenn man im Halbschlaf oder wenn man zu träumen beginnt, das Bewusstsein und die Konzentration auf die Kehle lenkt, intensivieren sich die Träume und drängen sich verstärkt in den Schlaf. Lenkt man seine Gedanken jedoch auf das Herz, wird der Schlaf tiefer und fester. Dies ist meine ganz subjektive Schlaftablette.

17. Januar

Viel konstruktiver wäre es, wenn Menschen ihre vermeintlichen Feinde besser zu verstehen versuchten. Vergeben zu lernen ist viel nützlicher als unbedacht einen Stein aufzuheben und ihn auf den Gegenstand seines Zorns zu schleudern; dies gilt umso mehr, wenn man in extremer, kaum hinzunehmender Weise provoziert wurde. Denn auch unter den größten Widrigkeiten gibt es die Kraft und die Möglichkeit, Gutes zu tun – für sich selbst und andere.

18. Januar

Um unsere Geduld entwickeln zu können, brauchen wir einen Menschen, der uns – so eigentümlich es klingen mag – immer wieder aufs Neue willentlich verletzt. Solche Menschen geben uns die reale Möglichkeit, Toleranz zu üben. Sie stellen unsere innere Stärke auf die Probe, und zwar auf eine Weise, die sogar unserem Lehrer nicht zu Verfügung steht. Geduld bewahrt uns davor, entmutigt zu werden.

19. Januar

Ob an entlegenen Orten oder in dicht besiedelten Städten, wir arbeiten und kämpfen für die gleichen grundlegenden Ziele. Oft erkennen wir dabei nicht, wie wichtig es ist, richtig vorzugehen, damit wir unser Ziel erreichen – denn die Methode, das Wie, ist das Entscheidende.

20. Januar

Wenn man eine schlechte Handlung begangen hat und einem klar wird, dass sie schlecht war, kann man sie (vor tatsächlichen oder nur gedachten Heiligen Wesen) offen darlegen und sich zu ihnen bekennen und sich gleichzeitig vornehmen, solche schlechten Taten in Zukunft zu unterlassen. Dies schwächt die Macht der bösen Tat.

21. Januar

Das Glück eines Einzelnen kann tiefgreifend und sehr wirksam zur allgemeinen Verbesserung unserer gesamten menschlichen Gemeinschaft beitragen.

22. Januar

Wir haben den freien Willen zu entscheiden, ob wir lieben oder hassen wollen.

23. Januar

Politische Systeme mögen sich verändern, das Einzige aber, was sich niemals verändert, ist das menschliche Herz, ist die Sehnsucht nach Glück, das Streben nach Freiheit. Das sind die wirklichen Gründe für die Weiterentwicklung, für den Fortschritt, sei er im materiellen Bereich oder sei er geistiger Art.

24. Januar

Freundlichkeit und Wohlwollen sind die Schlüssel zu Frieden und Harmonie im Familienleben. Familien müssen ihre Kinder erziehen und bilden. Die Eltern sollten die ersten geistigen und seelischen Lehrer ihrer Kinder sein.

25. Januar

Ein blühender Baum wird im Herbst blattlos und kahl. Schönheit wandelt sich in Hässlichkeit, Jugend in Alter und Schlechtigkeit in Tugend. Die Dinge bleiben nicht dieselben und nichts existiert wirklich. So existieren Erscheinung und Leerheit zur selben Zeit nebeneinander.

26. Januar

Entschlossenheit, Mut und Selbstvertrauen sind die Schlüsselfaktoren für Erfolg. So viele Hindernisse und Schwierigkeiten es geben mag: mit der entsprechenden Beharrlichkeit können wir sie überwinden. Welche Umstände auch gegeben sein mögen: immer sollten wir demütig, bescheiden und nicht eingebildet sein.

27. Januar

Einen Bettler können wir wohl kaum als ein Hindernis für Hochherzigkeit und Großzügigkeit bezeichnen.

28. Januar

Ein bloßes Lob ist keine große Hilfe: weder verstärkt es das Vermögen des Menschen, noch verlängert es die menschliche Lebensspanne. Wenn momentanes Vergnügen alles ist, was man sich wünscht, kann man genauso gut zu Drogen greifen. Viele Menschen setzen viel Geld ein und täuschen sogar ihre Freunde, nur um an Ansehen zu gewinnen. So zu handeln ist jedoch unklug. Ihr Status und Ruhm helfen ihnen in diesem Leben nicht viel weiter. Sich glücklich zu fühlen, nur weil man berühmt ist, ist ein leeres Gefühl und ohne Substanz; genauso wenig führt es weiter, sich zu grämen, weil andere schlecht über uns sprechen.

29. Januar

Ein gebildeter Mensch bildet seinen Charakter erst dann, wenn er tatsächlich praktiziert, was er gelernt hat, und nicht, solange er nur darüber spricht.

30. Januar

Religion beinhaltet Verhaltensweisen und Praktiken, die helfen, Gelassenheit, Selbstbeherrschung, Freude an der Welt – ohne jedoch dabei von ihr abhängig zu sein – und Disziplin zu entwickeln. Man darf nicht vergessen, dass gerade durch unachtsames Denken, Sprechen und Handeln die für die Seele schädlichen und ethisch zu verurteilenden Situationen geschaffen werden. Somit ergibt sich fast natürlich, dass wir vor allem anderen unkontrollierte Handlungen (geistiger oder körperlicher Art) eindämmen müssen, um zu lernen. Um es kurz zu sagen: Allem aggressiven, schädlichen Handeln und Reden muss Einhalt geboten werden.

31. Januar

Politiker benötigen die Religion mehr als ein Einsiedler in seiner Hütte. Handelt ein Einsiedler aus einer bösen Absicht heraus, so schadet er niemandem außer sich selbst. Wenn jedoch jemand, der direkten Einfluss auf das Wohl einer Gesellschaft besitzt, mit schlechtem Vorsatz handelt, wird sich dies nachteilig auf die Menschen auswirken.

FEBRUAR

1. Februar

Unsere Empfindungen und Gefühle reagieren spontan, wir wollen etwas haben oder lehnen es ab. Nur ein stark ausgeprägter Wille kann mit den verschiedenen Gefühlen fertig werden.

2. Februar

Zorn und Hass muss man als echte Feinde betrachten. Sie stellen die Kräfte dar, denen wir uns unbedingt entgegenstellen und die wir vernichten müssen – mehr als uns abgeneigte und streitsüchtige Menschen, wie sie ab und zu in unser Leben treten mögen.

3. Februar

Stolz macht herrisch, eingebildet und rücksichtslos, aber ohne Selbstvertrauen werden wir kaum etwas erreichen. Demut kann krankhafte Scheu sein, das Gefühl von Ohnmacht oder ein großherziges Dienen für die anderen – der Mut zu dienen. Durch den Zorn wird man oft handgreiflich. Man kann sich aber auch über Unrecht erzürnen und sich dann für die Gerechtigkeit einsetzen.

4. Februar

Wahres Mitgefühl ist nicht nur eine vordergründige Gefühlsreaktion, sondern eine uneingeschränkte moralische Verpflichtung, die auf Vernunft gründet. Eine Haltung, die durch aufrichtiges Mitgefühl anderen Mitmenschen gegenüber geprägt ist, ändert sich auch dann nicht, wenn Menschen sich negativ und bösartig verhalten. Durch allgemeine Selbstlosigkeit entwickelt man ein Verantwortungsgefühl für andere: den Wunsch, ihnen tatkräftig zu helfen, ihre Probleme zu überwinden.

5. Februar

Um sein wahres inneres Wesen zu entdecken und wahrzunehmen, sollte man sich meiner Meinung nach für sich selbst ausreichend Zeit nehmen, und zwar in Ruhe und Entspannung, um seine Gedanken seinem Inneren zuzuwenden und seine innere Welt kennen zu lernen; das kann auf lange Sicht sehr hilfreich sein. Wenn man von Hassgefühlen überwältigt wird oder sein Tun und Denken nur auf materielle Dinge bezieht und von ihnen abhängig ist, sollte man in Momenten der Stille versuchen, nach innen zu schauen und sich fragen: „Worin besteht diese Abhängigkeit und das Wesen von Unmut, Bitterkeit und Groll – und inwieweit prägt mich dies?"

6. Februar

Leiden und Leidensfähigkeit machen uns innerlich stärker. Der Wunsch, leiden zu können, lässt das Leiden verschwinden.

7. Februar

Wenn die menschliche Natur ihrem Grundwesen nach aggressiv wäre, würden wir mit Tierklauen und großen Zähnen geboren – aber unsere „Klauen“ und „Zähne“ sind sehr klein, sehr hübsch, sehr schwach! Das heißt also, dass wir nicht gut dafür gebaut, geschweige denn ausgerüstet sind, um aggressive Lebewesen zu sein. Selbst unser Mund ist ziemlich klein. Daher meine ich, dass die grundlegende Natur des Menschen eigentlich sanftmütig ist.

8. Februar

Während der Zeugung sind diejenigen körperlichen Elemente – die Eizelle und das Sperma –, durch die das neue, noch nicht geborene Selbst nach allgemeiner Ansicht entsteht, Teil von anderen Körpern, nämlich den Eltern. Und dennoch lässt sich auch sagen, dass diese materiell-körperlichen Substanzen oder Teile ebenso zu diesem neuen Selbst gehören. Sicher, ein gezeugter Körper entstammt einem anderen Körper; sobald jedoch Bewusstsein hinzutritt, wird diese materielle Grundlage zum nicht mehr trennbaren Teil dieses neuen Selbst. Die körperlichen Bestandteile des Embryos entstammen zwar zwei Menschen – in dem Moment, in dem Bewusstsein in diese eine (durch Eizelle und Sperma) „gezeugte" Zelle eintritt, sind diese Zelle und dieses Bewusstsein zusammen ein neues, bewusstes Eins.

9. Februar

Solange man nicht völlig erleuchtet ist, besteht immer eine innere Blockade gegen neues Wissen und tiefer gehende Einsicht – so dass man der wichtigen Aufgabe, anderen zu helfen, nicht wirklich umfassend nachkommen kann.

10. Februar

Unter den Milliarden Menschen, die auf der Erde leben, bereitet sich die ältere Generation, zu der auch ich gehöre, darauf vor, sich von dieser Welt zu verabschieden. Die Jugend muss die Verantwortung für die Zukunft auf sich nehmen und erfüllen. Diesen jungen Menschen möchte ich zurufen: Erkennt eure Verantwortung, verwirklicht die in euch wohnenden Möglichkeiten und habt Vertrauen zu euch selbst. Verhaltet euch anderen gegenüber offen, helft ihnen, kümmert euch um sie und pflegt ein Bewusstsein von Zugehörigkeit bei aller Unterschiedlichkeit. Die Frische und Stärke, die euch Jugendliche auszeichnet, sollten nicht verblassen und nachlassen. Ihr müsst diese Lebensbegeisterung und Weltoffenheit bewahren und weitertragen.

11. Februar

Trägheit verhindert den Fortschritt im spirituellen Leben. Man kann sich von drei Arten von Trägheit verführen lassen: von der Gleichgültigkeit, hinter der jedoch nur Zaudern und Unentschlossenheit stecken; von dem Minderwertigkeitsgefühl, das Zweifel an den eigenen Fähigkeiten aufkommen lässt; und von dem Hang, Handlungen zu begehen, die anderen schaden.

12. Februar

Idealerweise sollte man über ein großes Maß an Mut und Stärke verfügen, ohne mit diesen Eigenschaften zu prahlen. Und dann, wenn es die Notwendigkeit oder Situation erfordert, sollte man aufstehen und mutig um das kämpfen, was man für wahr und richtig hält.

13. Februar

Etliche Menschen – jung, liebenswürdig, stark und gesund –, sterben früh. Auf eine versteckte Weise lehren sie uns, dass das Leben unbeständig und wechselhaft ist.

14. Februar

In den verschiedenen Traumzuständen praktizieren wir verschiedenartige Meditationsformen. Das große Potential dieser Meditationspraktiken liegt darin, dass wir, auf einem gewissen Niveau angekommen, die auf die äußere Welt bezogene Bewusstseinsebene von der Körperebene trennen können, um auf eine subtilere, differenzierte und tiefer liegende Ebene von Geist und Körper zu gelangen. Wir könnten somit zum Beispiel während des Schlafens unseren Geist von unserem Körper trennen und psychisch Arbeit verrichten, die wir in unserem „alltäglichen" Körper und seinem Zustand nicht leisten könnten. Jedoch werden wir für diese Arbeit nicht bezahlt!

15. Februar

Unser Bewusstsein spielt sowohl bei unseren alltäglichen Erfahrungen wie auch für unsere körperliche und geistige Gesundheit eine wichtige Rolle. Besitzt ein Mensch einen ausgeglichenen und in sich ruhenden Geist, wirkt sich dies auf seine Einstellung, sein Verhalten und seine Beziehungen zu anderen aus. Anders gesagt: Besitzt jemand ein friedfertiges und stabiles Bewusstsein, können ihn äußere Umstände und Einwirkungen kaum stören oder irritieren.

16. Februar

Die meisten von uns erfahren zuerst durch ihre Mutter, was friedlich leben bedeutet, denn das Bedürfnis nach Liebe ist die Wurzel menschlicher Existenz. Von den frühesten Stufen unserer Entwicklung an brauchen wir die Fürsorge unserer Mutter, und es ist äußerst wichtig, dass sie ihrer Liebe zu uns Ausdruck und Lebendigkeit verleiht. Wenn Kinder nicht die entsprechende Zuneigung erfahren, fällt es ihnen in ihrem späteren Leben oft schwer, andere zu lieben.

17. Februar

Wenn Gegenstände und Menschen in uns eine gewisse Abhängigkeit bewirken, verstehen wir nicht die tatsächliche Eigenart von Erscheinungen. Erst wenn wir dieses wahre Wesen ihrer Erscheinung begriffen haben, können wir frei und unabhängig von den Dingen werden.

18. Februar

Eine allgemeine Einsicht tibetischer Medizin lautet: Die menschliche Physiologie lässt sich unter dem Aspekt dreier „Körpersäfte“ betrachten: dem „Wind“, der „Galle“ und dem „Schleim“. Wo lässt sich der Ursprung der Störungen in der Seele lokalisieren? Ein Ungleichgewicht in den drei „Körpersäften“ ergibt sich aus den „drei Giften“ oder den grundlegenden seelischen Verstrickungen: der Abhängigkeit von weltlichen Dingen, dem Gefühl von Ärger und Unmut und der Unwissenheit.

19. Februar

Bindung bzw. Abhängigkeit einerseits und wahre Freiheit andererseits hängen beide von den sich immer wieder verändernden Zuständen des Geistes ab. Der Zustand, den Meditierende mittels unterschiedlicher Meditationstechniken zu erreichen versuchen, ist derjenige, in dem das grundlegende Wesen des Geistes sein positives Potential vollständig zeigt.

20. Februar

Jedes gute, ethisch integre Werk und Vorhaben ist notwendigerweise Hindernissen und Widerständen ausgesetzt. Man muss deshalb Ziel und Motivation gründlich überprüfen; dabei sollte man sich selbst gegenüber ehrlich, aufrichtig und vernunftgeleitet sein. Die eigenen Handlungen sollten eine gute Wirkung auf andere wie auf einen selbst besitzen. Wenn man sich einmal für ein positives Ziel entschlossen hat, sollte man es ohne Einschränkung verfolgen und verwirklichen. Aber auch wenn man sein Ziel nicht erreichen sollte, so wird man nicht bedauern, es zumindest versucht zu haben.

21. Februar

Wir alle wissen, dass ein Augenblick ruhigen Nachdenkens helfen kann, ein Problem zu lösen, das unlösbar erscheint. Dasselbe gilt für die Arbeit in der Gruppe. Ein paar Minuten gemeinsamen Schweigens schaffen größeren Zusammenhalt als viele Stunden hektischer Betriebsamkeit.

22. Februar

Was uns in erster Linie stört und missmutig macht, ist die Tatsache, dass unsere Wünsche sich nicht erfüllen. Sich darüber jedoch wiederholt zu ärgern, trägt ganz und gar nicht dazu bei, diese Wünsche doch noch zu verwirklichen, so dass wir weder unserem ursprünglichen Ziel näherkommen noch unsere Lebensfreude wiedergewinnen. Dieser Zustand der Desorientierung, aus dem Zorn erwachsen kann, ist sehr gefährlich. Wir sollten niemals zulassen, dass die glückliche Grundstimmung unseres Geistes gestört oder gar zerstört wird. Ob wir zum jetzigen Zeitpunkt leiden oder in der Vergangenheit gelitten haben, zu keinem Zeitpunkt sollten wir einen Grund haben, unglücklich zu sein.

23. Februar

Wir sollen nicht aufhören, unseren Geist zu üben, denn nur so wird der Verstand fähig zu unterscheiden, was ihm nützt oder was ihm schadet.

24. Februar

In dieser sich ständig verändernden Welt sollten wir an zwei Dingen festhalten: An erster Stelle steht die Selbstprüfung. Wir sollten unsere eigene Einstellung anderen gegenüber immer wieder kritisch betrachten und uns fragen, ob wir uns unseren Mitmenschen gegenüber richtig verhalten. Bevor wir mit dem Finger auf andere zeigen, sollten wir den Fingerzeig auf uns selbst richten. Und zweitens müssen wir bereit sein, unsere Fehler einzugestehen und zu berichtigen.

25. Februar

Unsere Erfahrung kann uns lehren, was „Bewusstsein" ist. Bewusstsein ist ein Phänomen, das nicht als etwas Gegenständliches auftritt, aber von großer Klarheit ist; das heißt, es spiegelt jeden Gegenstand, abhängig davon, wie es sich zu diesem Gegenstand verhält. Bewusstsein ist wie eine Kristallkugel: Solange sie auf einer farbigen Oberfläche ruht, kann man nicht die ungetrübte Klarheit der Kugel sehen; hebt man sie von der Oberfläche hoch, erkennt man uneingeschränkt die tatsächliche Klarheit.

26. Februar

Für die spirituelle Praxis sind jene Menschen bestens geeignet, die nicht nur intellektuell begabt, sondern auch weise sind und über einen ausgeprägten Glauben und eine Fähigkeit zur uneingeschränkten Hingabe verfügen. In einer zweiten Gruppe finden sich jene, die nicht unbedingt sehr intelligent sind, aber ihren festen inneren Ort im Glauben besitzen. Bedauernswert sind diejenigen, die sich in der dritten Gruppe befinden. Obwohl diese Menschen hochintelligent sein mögen, werden sie immer wieder geplagt von Schwarzseherei und Zweifel. Sie sind clever, aber auch zögerlich und argwöhnisch und schaffen es nicht, wirklich zur inneren Ruhe und Ausgeglichenheit zu kommen. Diese Menschen sind am geringsten spirituell empfänglich.

27. Februar

Bevor man die Welt verändern möchte, sollte man zunächst sich selbst wandeln und bessern. Dies hilft auch der Familie insgesamt, sich zu ändern. Von dort zieht diese positive Entwicklung immer größere Kreise, denn alles, was wir tun, hat auch eine Wirkung.

28. Februar

Es gibt die durchaus interessante Ansicht, dass unser Miteinandersein tatsächlich hilft, uns selbst besser zu begreifen und zu verstehen. In einer engen, intimen Beziehung, in der Liebe und Anhänglichkeit, vielleicht sogar Abhängigkeit miteinander vermischt sind, ist es schwierig zu sehen, wie dieses Miteinandersein dem Einzelnen dazu dienen sollte, sich besser zu erkennen. Dort, wo eine zu starke Bindung oder gar das Klammern an eine Person vorherrscht, wo die Beziehung zu einem Menschen durch ein übermäßiges „*Ich* liebe diesen Menschen, *ich* will ihn vollständig *ergreifen*" bestimmt wird, ist Selbsterkenntnis nicht möglich. Wenn man aber dieses von Bindung geprägte Ich als das falsche Bild seines Selbst erkennt, kann man einen gewissen Einblick in das erhalten, was Leerheit positiv bedeutet.

29. Februar

Viele Probleme versuchen wir heutzutage nicht wirklich an ihren Wurzeln zu lösen, sondern beseitigen sie nur kurzfristig, denn wir bemühen uns nicht, die eigentliche Ursache dieser Probleme zu ergründen; es ist so, als ob wir versuchten, eine schmerzhafte Reizung zu heilen, ohne dabei die zugrunde liegende Ursache zu finden.

MÄRZ

1. März

Nach meiner Überzeugung sollten die Religionen ihre Anhänger lehren, alle Menschen als Brüder oder Schwestern zu betrachten. Nur so können sie lernen, einander in Toleranz und im gegenseitigen Verständnis zu begegnen.

2. März

Da alle unsere Erfahrungen auf einem komplexen Zusammenspiel von Ursache und Wirkung basieren, lässt sich leicht erkennen, dass es nicht ein einzelnes Objekt gibt, das man als einzelnes sich wünschen oder ablehnen kann. Wenn wir die wechselseitige Beziehung zwischen Ursache und Wirkung genügend beachten, werden wir nicht Opfer von Zornesausbrüchen oder machen uns abhängig von materiellen Dingen; außerdem entspannt sich unser Geist und öffnet sich für anderes.

3. März

Es mag uns durchaus gelingen, zeitweise andere Menschen für unser Eigeninteresse einzunehmen oder womöglich auszunutzen, aber auf lange Sicht erreichen wir auf diese Weise noch nicht einmal unser eigenes kleines privates Glück.

4. März

Es ist wichtig, dass religiöse Menschen sich nicht aus der Welt und der Gesellschaft, in der sie leben, zurückziehen. Durch Weltflucht kann man anderen nicht helfen, und gerade das – der Dienst am Nächsten – ist die Grundlage jeder Religion.

5. März

Gute menschliche Eigenschaften und Qualitäten – Ehrlichkeit, Aufrichtigkeit, Gutherzigkeit – können weder mit Geld gekauft noch von Maschinen produziert werden; nur durch Geist und Seele können sie entstehen. Wir nennen diese innere Kraft das Innere Licht.

6. März

Unsere heutige Welt ist dermaßen in Konflikte und Leiden verwickelt, dass sich jeder nach Frieden und Glück sehnt. Weil diese Sehnsucht so schwer zu stillen ist, hat sie viele Menschen leider dazu verführt, sich kurzlebigen Vergnügungen hinzugeben. Es gibt aber auch Menschen, die, unzufrieden mit dem, was sie vordergründig sehen und erleben, tiefer denken und nach echtem, unverfälschtem Glück suchen. Ich glaube, dass die Suche nach Wahrheit weitergeht und stärker wird, je weiter sich unser materieller Fortschritt entwickelt.

7. März

Besonders heute scheint es mir nicht so wichtig zu sein, in erster Linie die eigene Religion zu verbreiten. Der Dialog unter den Religionen ist wichtiger.

8. März

Wir müssen Geduld üben, aber eine gewisse Ungeduld kann durchaus nützlich sein, wenn es nämlich um so alltägliche, manchmal banale Dinge geht wie das Reinigen von Kleidern, das schnelle Erledigen kleinerer Aufgaben oder das Einhalten terminlicher Vereinbarungen. Mit dieser Art von Ungeduld kann man sein Leben sehr praktisch und tatkräftig meistern; für größere Belange, Probleme oder Projekte jedoch ist Geduld von entscheidender Bedeutung.

9. März

Auch – oder gerade – wenn uns jemand zutiefst in unserer Seele verletzt, sollten wir an seine guten Seiten und Eigenschaften denken und auf diese Weise Demut und Bescheidenheit entwickeln.

10. März

Im Kern bedeutet das lateinische Wort Religion „Rück-Bindung“. Wie kommt es nun, dass diese Vorstellung des Sich-Bindens zu einem prägenden und vorherrschenden Begriff in unseren verschiedenartigen Ideen und Ideologien geworden ist? Der allen Religionen und anderen moralischen Geboten gemeinsame Feind ist und bleibt die Selbstsucht und Selbstbezogenheit des Menschen. Es ist gerade diese ichbezogene Haltung, die Unwissenheit, Blindheit, Unmut und Leidenschaft hervorruft, die aber ihrerseits wiederum die Wurzel allen Übels in der Welt sind.

11. März

In der Tantra-Lehre ist der Geist in seinem Wesen ursprünglich, unverdorben und durch und durch rein, was auch mit dem Begriff „Klares Licht" wiedergegeben wird. Wenn dieser klare, helle Geist verschleiert oder daran gehindert wird, sein wahres Inneres auszudrücken, indem er durch Kummer und Leiden beeinflusst wird, ist der Mensch – gemäß dieser Lehre – in einem Zyklus der wiederkehrenden Existenz, *samsara* genannt, gefangen. Durch entsprechende, hilfreiche Meditationstechniken und Übungen kann man jedoch dieses klare, reine Licht erfahren, losgelöst und frei von dem Einfluss negativer Leidenszustände – und man befindet sich dann auf dem Weg zur wahren Befreiung und vollen Erleuchtung.

12. März

Missmut würde, gäbe es in der buddhistischen Lehre etwas Entsprechendes, mehr mit dem zu tun haben, was man geistig-seelische Unzufriedenheit oder Verstimmung nennt; solche Gefühle werden als die Quellen für Hass und Feindschaft angesehen. Diesen latenten Groll kann man auch als Mangel an klarer Erkenntnis wie auch als Fehldeutung der Wirklichkeit betrachten.

13. März

Mitgefühl, Toleranz, Uneigennützigkeit bringen uns Glück und innere Ruhe; diese Charakterzüge sind spiritueller Art. Religion folgt erst später. Ziel der Religion ist, Zufriedenheit herbeizuführen und Quelle für Glück zu sein. Sie versucht ganz einfach, das Element geistigen Glücks zu stärken. Man könnte vielleicht sagen, dass positives Denken meine Vorstellung von Spiritualität ist.

14. März

Unser heutiges Wissen verdanken wir zum erheblichen Teil Wissenschaft und Technologie. Jedoch ist unser Wissen über unseren Geist, über unser tiefes inneres Wesen in der westlichen Welt immer noch begrenzt und unterentwickelt. Das liegt daran, dass Bewusstsein materie- und gestaltlos ist und sich daher nicht berühren und mit Instrumenten messen lässt. Es kann nur durch Meditation und andere Methoden erfasst werden.

15. März

Freundlichkeit und Liebe, ein echtes Empfinden von Bruderschaft und Schwesternschaft, sind äußerst kostbar. Sie ermöglichen das Zusammenleben in der Gemeinschaft und sind somit entscheidend für die Gesellschaft.

16. März

Manche Leute meinen, Ethik oder Moral seien untrennbar mit der Religion verbunden. Wenn sie aber keinen Zugang zu einem religiösen Glauben finden, dann entsteht für sie ein Vakuum. Sie wissen nicht, wonach sie sich richten sollen. Es geht darum, Richtlinien zu finden, die allen Menschen einleuchten. Erst dann können wir von einer globalen Ethik sprechen.

17. März

Wenn die Entwicklung des Menschen tatsächlich ausschließlich durch den Einfluss der Umwelt, Veränderung der Gene, Chromosomen und andere Umstände vonstatten gegangen sein sollte, dann gäbe es keinerlei Raum für *karma*, das Gesetz von Ursache und Wirkung. Denn dann wären alle Entwicklungen und Veränderungen in den Dingen und in den Menschen durch deren körperliche Bestandteile begründet und begreifbar. Jedoch entwickeln sich Zellen zu immer komplexeren Gebilden und schließlich zu menschlichen Wesen. Auf der Basis der Zusammensetzung der elterlichen Gene ergeben sich für die Entwicklung des einzelnen Menschen etwa siebzig Trillionen Möglichkeiten. Dennoch wird nur eine einzige, bestimmte Möglichkeit gewählt, und wenn gefragt wird – warum?, warum gerade diese eine Möglichkeit? –, dann kommt *karma* ins Spiel.

18. März

Glück ist eine Grundstimmung, eine Befindlichkeit des Geistes. Befindet sich der Geist in einem Zustand von Verwirrung und Unruhe, lässt sich Glück von außen mit Apparaten und anderen Mitteln nicht herbeiführen. Glück bedeutet Ruhe und Ausgeglichenheit im Innern – im Geist.

19. März

Sexuelle Lust will und sucht etwas: die Befriedigung der Begierde durch die Inbesitznahme des anderen Menschen. Zu einem großen Teil ist sie eine geistige Projektion, die durch eine bestimmte Emotion hervorgerufen wird. Wir stellen uns den anderen als unseren Besitz vor. Im Moment der Begierde erscheint alles erstrebenswert und angenehm. Man sieht kein Hindernis, keinen Grund, sich zurücknehmen und einschränken zu müssen. Das Objekt der Begierde scheint makellos zu sein, und wir preisen es über alle Maßen. Mit der Besitznahme ändert sich jedoch alles. Wenn der übergroße Wunsch einmal verschwunden ist – ob nun befriedigt oder mit der Zeit schwächer geworden –, betrachten wir den anderen nicht mehr mit demselben Blick wie zuvor. Nicht wenige Menschen gestehen sich insgeheim ein, dass sie durch diese Erfahrung mehr als überrascht worden sind. Jeder Einzelne entdeckt nämlich auf einmal die wahre Natur des anderen. Deshalb gibt es so viele zerbrochene Ehen, Streitigkeiten, gerichtliche Auseinandersetzungen und so viel Hass.

20. März

Wir neigen dazu, ein schmeichelhaftes Bild von uns selbst zu haben. Wir betrachten uns mit Nachsicht und Wohlwollen. Wenn uns etwas Unangenehmes oder Nachteiliges geschieht, sind wir nur allzu schnell bereit, die Schuld dafür bei anderen zu suchen: in unserem Schicksal, bei nicht greifbaren Kräften oder einem Gott. Wir scheuen uns oder schrecken sogar davor zurück, gleichsam in uns hinein zu steigen, uns in uns selbst zu versenken und dort den Grund zu suchen – so wie Buddha es rät.

21. März

Wie es aussieht, haben wir eine Menge Arbeit vor uns. Wenn wir alle unsere Träume analysieren müssten, hätten wir keine Zeit mehr zu träumen.

22. März

Verfügt ein Mensch über eine ausreichend feste spirituelle Grundlage, wird er sich nicht von den Versprechungen der Technik und des materiell Machbaren und einem unverhältnismäßigen Verlangen nach Besitz überwältigen lassen. Er weiß dann, wie man das rechte Gleichgewicht findet und verlangt nicht nach zuviel; er kann sagen: „Ich besitze schon genug, mehr brauche ich nicht." Es besteht immer die Gefahr, die Tür zu öffnen, hinter der die Habgier, einer unserer unerbittlichsten Feinde, sich verbirgt. Angesichts dieser Gefahr muss sich die Tätigkeit des Geistes in praktischem Handeln äußern.

23. März

Um die sechs Vollkommenheiten – Großzügigkeit moralische Disziplin, Toleranz, Freude im Tun, Konzentration und Weisheit – erfolgreich verwirklichen zu können, ist für einen *bodhisattva,* einen Erleuchteten, die Zusammenarbeit mit und offene Freundlichkeit gegenüber seinen Mitmenschen von höchster Wichtigkeit.

24. März

Vor vielen Jahren sah ich so gut wie nie Hühner auf den Straßen, in Schaufenstern der Geschäfte oder in Gaststätten. Heute sehe ich sie überall. Aber warum diese langen Reihen geschlachteter Hühner in Geschäften und Restaurants? Obwohl es in Tibet unmöglich ist, ausschließlich vegetarisch zu leben, stößt mich das Töten von Tieren ab. So weit wie möglich ernähre ich mich nur von Gemüse und Früchten.

25. März

Der Geist, dessen Wesen und Eigenart wir zu erkennen versuchen, um Allwissenheit zu erlangen, muss ein besonderer Geist sein, der in seiner Kontinuität ewig ist; als Geist könnte er gar nicht von anderer Art sein. Die verschiedenen Verunreinigungen des Geistes wie Täuschung und schmerzhafte Gedanken und Gefühle sind situationsabhängig und zufällig; sie entstehen in einem bestimmten Moment – und verschwinden aber auch bald wieder: sie sind also nicht von Dauer.

26. März

Leiden hat seinen Ursprung in verschiedenartigen Gründen und Bedingungen. Aber die Wurzel unseres Schmerzes und Leides liegt in unserem eigenen unwissenden und unbeherrschten Geist selbst. Der Zustand der Glückseligkeit, nach dem wir alle streben, kann nur durch die Reinigung unseres Geistes erreicht werden.

27. März

Wir benötigen ein klares Bewusstsein der wechselseitigen Abhängigkeit von Nationen, Menschen und Tieren – und Tieren, Menschen und der Welt. Alles hängt wechselseitig voneinander ab. Ich denke, dass viele Probleme, vor allem die von Menschen herbeigeführten Probleme, auf unserem mangelnden Wissen über diese wechselseitige Abhängigkeit beruhen.

28. März

Da zwischen Geist und Körper eine sehr enge Beziehung besteht und besondere Energiezentren in unserem Körper existieren, können Yoga-Körperübungen und spezielle Meditationstechniken, die den Geist trainieren sollen, sich äußerst positiv auf unsere Gesundheit auswirken.

29. März

Um nicht immer von neuem in den Kreislauf der Existenzen hineingeboren zu werden, sollten wir meditieren, tätig leben und dabei keine Zeit auf Dinge verschwenden, die für unsere Erleuchtung nicht wesentlich sind.

30. März

Wenn wir Buddha als eine Autorität und einen verlässlichen Lehrer annehmen, dann tun wir dies auf der Grundlage eines eingehenden Studiums seiner grundlegenden Lehre, der *Vier Edlen Wahrheiten*. Erst nachdem wir die Gültigkeit, Wahrhaftigkeit und Verlässlichkeit seiner Grundsätze geprüft haben, akzeptieren wir Buddha als einen für uns zuverlässigen Lehrer.

31. März

Eine wichtige Form der Nächstenliebe und Wohltätigkeit ist die Weitergabe materieller Dinge wie Nahrung, Kleidung und Schutz an andere Mitmenschen. Es hat jedoch seine Grenzen, da es den Bedürftigen keine vollständige Befriedigung und innere Zufriedenheit bringen kann. Unsere jeweils eigene Erfahrung bestätigt uns, dass durch allmähliche Reinigung unseres Geistes unser Glück größer und tiefer wird; und was für uns gilt, trifft auch für andere Menschen zu. Es ist deshalb entscheidend, dass andere wissen, was sie übernehmen und in sich weiter entwickeln sollen, damit sie ihr Glück erreichen. Um ihnen das Lernen und Verstehen ermöglichen zu können, müssen wir selbst vollkommen fähig sein, sie richtig und entsprechend ihren Bedürfnissen zu lehren.

APRIL

1. April

Mitgefühl ist grundsätzlich sanft, friedfertig und warmherzig, es kann aber auch mächtig und kraftvoll in seiner Wirkung sein. Menschen, die leicht die Geduld verlieren, sind zumeist unsicher und unausgeglichen. So gesehen ist meiner Meinung nach das Aufwallen von Zorn ein unmittelbares Zeichen von Schwäche.

2. April

Die Beobachtung, dass gute Menschen leiden, während schlechte sich des Profits und des Ansehens bei anderen erfreuen, ist voreilig und zu kurz gegriffen. Bei genauerem Hinschauen erkennt man, dass zum Beispiel Unruhestifter ganz und gar nicht glückliche Menschen sind. Dies zeigt, dass es viel besser ist, sich moralisch recht zu verhalten, Verantwortung für das eigene Handeln zu übernehmen und sein Leben mit einer positiven Einstellung zu führen.

3. April

Ich habe für mich herausgefunden, dass die höchste innere Ruhe sich aus der Entwicklung von Liebe und Mitgefühl ergibt. Je mehr wir uns um das Glück anderer sorgen und kümmern, umso größer wird unser eigenes Wohlbefinden. Ein warmes Gefühl der Nähe zu anderen versetzt Geist und Seele in Ruhe und Ausgeglichenheit. Dies ist die entscheidende Quelle für ein erfolgreiches Leben.

4. April

Mir scheint, dass westliche Wissenschaft und östliche Philosophie sich zusammenfinden können, um gemeinsam der Vorstellung eines wirklich ganzheitlichen Menschen nahe zu kommen. Nur auf diese Weise kann der Mensch sich gestärkt aus seinen ihn begrenzenden Bedingungen lösen und ein ganzer Mensch werden. Was mich wirklich interessiert, ist, was jenseits von Materie und Bewusstsein liegt, was wirklich wichtig und grundlegend ist; letztendlich, was uns zu dem macht, was wir sind.

5. April

Das Wort „offen" verstehe ich im Sinne von „eine offene Tür"; sie lässt sich leicht, ohne große Mühe, öffnen. „Frei" bedeutet etwas Ähnliches. Wenn man also frei und offen ist, möchte man, je mehr neue Ideen und Gedanken man empfängt, desto mehr von diesen Gedanken und den dahinter wirkenden Energien weitergeben. Auf diese Weise hilft und unterstützt jeder den anderen. Dies ist sehr nützlich, ja, sogar notwendig, vor allem in unserer Zeit.

6. April

Wir hängen alle voneinander ab. Ich nenne das einen „weisen Egoismus". Denn mit einer positiven und verantwortungsvollen Einstellung zu sich selbst nützt man ja auch den anderen. Wenn man so denkt, dann besteht zwischen dem Eigeninteresse und dem Gemeininteresse gar kein Gegensatz.

7. April

Der Erleuchtete sagte, alles, was er tun könne, sei uns den *dharma* zu lehren, den Pfad vom Leiden hin zur Befreiung; an uns sei es dann, diese empfangene Lehre in die Praxis umzusetzen – diese Verantwortung liegt nämlich bei uns!

8. April

Bodhicitta, die uneigennützig auf Erleuchtung ausgerichtete Geisteshaltung, ist die Medizin, die wiederbelebt und neues Leben gibt; wenn man sich für die Nöte und Bedürfnisse anderer einsetzt, werden zugleich die eigenen Bedürfnisse wie nebenher ebenfalls befriedigt.

9. April

Man sollte seinen eigenen Körper und Geist wie Forschungsgegenstände in einem Labor betrachten und sich selbst in seinen geistigen Handlungen und Gefühlen sehr genau und gründlich untersuchen – und dann die Möglichkeit prüfen, ob man in sich selbst nicht einige Veränderungen und Verbesserungen vornehmen könnte oder sogar müsste.

10. April

Die Frage, ob wir uns in liebender Haltung allen Dingen zuwenden werden, ist kein „religiöser Luxus". Es ist auch keine religiöse Forderung, an die man glauben oder nicht glauben kann. Oft denken Menschen, Mitleid und Vergebung seien rein religiöse Themen. Diese Dinge beziehen sich aber auf alle Lebensbereiche.

11. April

Wenn wir uns in einer Gesellschaft, geprägt von Konkurrenz und Wettkampf, aufrichtig und ehrlich verhalten, kommt es manchmal vor, dass Menschen uns ausnutzen. Wenn wir dies geschehen und die betreffenden Menschen gewähren lassen, dann werden sie weiterhin solche schlechten Taten begehen; dadurch entwickeln sie aber nichts anderes als schlechtes *karma*, was ihnen in der Zukunft nur schaden kann. Von daher ist es statthaft und zulässig, aus einer Uneigennützigkeit heraus Gegenmaßnahmen zu ergreifen, um den anderen davor zu bewahren, zukünftig die negativen Konsequenzen seines schlechten Tuns auf sich nehmen und erleiden zu müssen.

12. April

Drei Eigenschaften oder Qualitäten befähigen Menschen, die Lehre des Buddha zu verstehen: erstens Objektivität, was so viel heißt wie einen offenen Geist und Verstand zu haben; zweitens Intelligenz, die hilft, die Wahrheit zu erkennen, indem man die Lehren Buddhas genau aufnimmt, untersucht und versteht; und drittens Interesse, innere Verpflichtung und Engagement, durch die sich Begeisterung und Freude zeigen.

13. April

Ein starkes Gefühl von Getrenntsein und fehlendem Gemeinsinn hat in der Vergangenheit Wettkampf und Krieg hervorgerufen. Aber heute sind wir stärker wechselseitig voneinander abhängig; daher müssen wir in einen Dialog miteinander treten, Gedankenaustausch pflegen und Kompromisse schließen, damit die Gemeinschaft nicht auseinander bricht. Es wäre gut, eine Waffe zu besitzen, die den wahren Störenfried und Unruhestifter sucht und ihn zerstört, der in uns selbst sitzt.

14. April

Wann immer Buddha sich in einem neuen Land niedergelassen hat, ist er auch in einer etwas andersartigen Weise wahrgenommen worden. Buddha hat unterschiedlich gelehrt, je nachdem, wie die neue Situation – der Ort, die Menschen – es erforderte. So hat jeder Einzelne von uns die große Verpflichtung, das Wesentliche des Buddhismus in seinem jeweils eigenen Leben zu praktizieren.

15. April

Viele unserer Probleme stammen von einem Verhalten, welches uns selbst um jeden Preis an die erste Stelle setzt. Ich weiß aus eigener Erfahrung, dass es möglich ist, solches Verhalten zu ändern und den menschlichen Geist zu verbessern.

16. April

Die natürliche Umwelt erhält und stützt das Leben aller Wesen. Auf Bäume wird in den Berichten über wichtige Lebensstationen Buddhas oft Bezug genommen. Seiner Mutter diente ein Baum als Lehne, als sie ihn gebar. Er wurde erleuchtet, während er unter einem Baum saß; und Bäume neigten sich über ihn, als er aus seinem Leben verschied.

17. April

Was immer wir auch sagen, wir sollten klar und direkt zur Sache sprechen, mit einer Stimme, die ruhig und nicht aggressiv ist, unberührt von Hass und Zorn. Wir sollten unser Gegenüber freundlich betrachten und uns dabei verdeutlichen: dank ihm werde ich *Buddhaschaft* erlangen.

18. April

Wenn wir geduldig und nachsichtig sind, nehmen wir etwas, das wir normalerweise als unangenehm oder schmerzhaft empfinden würden, als gar nicht so gravierend auf. Ohne geduldige Ausdauer jedoch wird selbst der kleinste Makel, der geringste Schmerz unerträglich. Vieles hängt von unserer inneren Einstellung ab.

19. April

Wenn wir uns während einer Meditation langsam in uns selbst versenken, erfahren wir, dass ein Gefühl von Frieden und Ruhe in uns schon existiert. Wir alle sehnen uns nach Frieden, auch wenn er nicht zu erkennen und versteckt ist oder für die Zukunft unmöglich zu sein scheint. Betrachten wir die menschliche Natur sorgsam genug, so sehen wir, dass der Mensch im Grunde gut und hilfreich ist. Und ich habe den Eindruck, dass der Geist der Harmonie und der Wunsch nach Einigkeit größer und größer und unser Bedürfnis, miteinander friedlich und in Ruhe zusammen zu leben, immer stärker wird; dieser große Wunsch verbreitet sich immer mehr.

20. April

Es mag vielleicht viele verwundern und überraschen, aber ich bin nicht grundsätzlich gegen Spektakel und filmische Zurschaustellung von Verbrechen und Gewalt eingestellt: Es kommt nur darauf an, welche Lehren man daraus zieht.

21. April

Ein gutes Herz ist im alltäglichen Leben in seiner Bedeutung und Wirksamkeit nicht zu unterschätzen. Wenn in einer Familie alle einander warmherzig begegnen, wird eine friedliche Atmosphäre geschaffen. Sobald jedoch ein Familienmitglied Zorn empfindet und dieser Empfindung nachgibt, wird die Stimmung im Haus sofort angespannt. Man verliert seinen Frieden und seine innere Ruhe; dagegen helfen auch alles gute Essen und all die netten technischen Geräte mit ihren Annehmlichkeiten nicht. Viele wichtige Angelegenheiten und ihre Regelung sind mehr auf den Geist als auf Technik angewiesen. Damit soll nicht gesagt sein, dass das Materielle und Dinge gänzlich unwichtig seien, gewiss, wir brauchen sie. Aber in diesen Zeiten müssen wir ein gut funktionierendes Hirn mit einem gütigen Herzen verbinden.

22. April

Alle Probleme, denen ein Einzelner in seinem gewohnten, alltäglichen Leben begegnen kann – Hunger, Arbeitslosigkeit, Jugendkriminalität, Ungewissheit über die Zukunft, psychische Erkrankungen, Epidemien, Drogen, Verzweiflung, Terrorismus –, all diese Probleme sind durch den immer breiter werdenden Graben bedingt, der sich zwischen den Menschen auftut und den man – das muss nicht mehr eigens betont werden – auch in den reichen Ländern und Gesellschaften vorfindet. Unser althergebrachtes Wissen bestätigt dies immer wieder: Alles ist mit- und untereinander verbunden, nicht voneinander getrennt zu sehen und zu begreifen. Deshalb muss diese Kluft verringert werden.

23. April

Die körperlichen Unterschiede (Hautfarbe, Form der Augen, Körpergröße) und kulturelle Verschiedenartigkeiten, die nach landläufiger Auffassung die Menschen voneinander zu trennen scheinen, bringen sie – meiner Meinung nach – umso enger zusammen. Die Theorien über unüberbrückbare kulturelle Unterschiede, die seit langem in der Welt kursieren, sind absurd und schädlich. Sie können nur in Sackgassen enden. Vor allem in unserer Zeit, in der wir tagtäglich unzählige Bilder von unserer Welt und deren Menschen sehen, scheint mir die uns alle verbindende Einheit offensichtlich und nicht wegzudiskutieren zu sein. In allen Überlegungen und für viele Unternehmungen, ob privater, geschäftlicher oder staatlich-gesellschaftlicher Art, sollte diese Erkenntnis Ausgangspunkt und Grundlage sein.

24. April

Wenn Werbung einem guten Zweck dient, ist sie der Mühe und ihre Kosten wert. Buddha „warb" für Erleuchtung und die damit zusammenhängende Leerheit. Ist die Werbung vernünftig und nützlich, kann man sie befürworten; dient sie jedoch nur dem Profit, lügt, verführt und beutet sie aus, ist sie zu verurteilen.

25. April

Immer wenn ich in den Westen komme, dann fällt mir besonders auf, dass hier kein Tag vergeht, an dem man nicht in irgendeiner Form mit Geld zu tun bekommt. Man muss nur versuchen, bloß einen einzigen Tag in einer modernen Stadt ohne Geld zu verbringen, dann wird man am eigenen Leibe erfahren, wie sehr man hier auf das Geld angewiesen ist. Ständig denkt man darüber nach: „Wieviel Geld ist das wert, was ich gerade tue?"

26. April

Frieden kann nur dann bestehen, wenn Menschenrechte geachtet und respektiert werden, und nur dort aufrechterhalten werden, wo Menschen ausreichend ernährt sind und Einzelne und Völker frei leben. Frieden ist von geringem Wert für denjenigen, der vor Hunger und Kälte stirbt und lindert nicht den Schmerz eines Menschen, der ein Gefangener seines eigenen Gewissens ist.

27. April

Auf individueller Eben müssen wir an der Veränderung der grundlegenden Perspektiven arbeiten, von denen unsere Gefühle abhängen. Das können wir nur durch Schulung erreichen, indem wir uns auf die Übung einlassen mit dem Ziel, schrittweise die Art und Weise, wie wir uns selbst und andere wahrnehmen, neu auszurichten.

28. April

Für gläubige Menschen kann eine unheilbare Krankheit ein wichtiger Schritt in ihrer persönlichen Entwicklung sein, wenn sie ihren Glaubensgrundsätzen folgen. Gehört man keiner Glaubensrichtung an, dann sollten Freunde ihr Mitgefühl mit all ihrer Kraft zeigen und die große Sorge mit den Kranken teilen.

29. April

Die menschlichen Sinne können einen bestimmten Bereich wahrnehmen, aber wir können nicht behaupten, dass es nichts gibt, was außerhalb des mit unseren fünf Sinnen Wahrnehmbaren liegt. Wir sehen zum Beispiel heutzutage manches, das unsere Großeltern mit ihren Augen noch nicht wahrnehmen konnten.

30. April

Die Welt richtet sich heute verstärkt materialistisch aus; und die Menschheit erreicht den Zenith ihres äußerlich sichtbaren Fortschritts, getrieben von einem unersättlichen Wunsch nach Macht und unermesslichen Reichtümern. Durch dieses vergebliche Streben nach äußerer Perfektion, Macht, Einfluss und materiellem Besitz in einer Welt, in der alles relativ ist, entfernen sich die Menschen aber immer weiter von ihrem inneren Frieden und seelischen Glück. Wir Menschen selbst bezeugen diese Entwicklung auf eine eigentümliche Weise, indem wir, heimgesucht von Ängsten vor einer ungewissen Zukunft, in einer von uns geschaffenen Welt leben, in der die todbringenden Waffen regieren. Es ist unabdingbar, dass das geistige Leben als die einzige wahre Grundlage genommen wird, auf der Frieden und Glückseligkeit errichtet werden können.

MAI

1. Mai

Ärger verringert unsere Fähigkeit, richtig von falsch zu unterscheiden, und diese Fähigkeit ist eine der höchsten menschlichen Eigenschaften. Wenn sie verloren geht, sind wir verloren. Manchmal ist es notwendig, nachdrücklich zu reagieren, doch das kann ohne Ärger getan werden. Ärger ist nicht notwendig. Er hat keinerlei Wert.

2. Mai

Wird Freundschaft durch Streit, Argwohn und Zorn, Eifersucht und Konkurrenz geschaffen? Ich glaube nicht. Nur Zuneigung, Liebe und Mitgefühl lassen uns zu engen Freunden werden.

3. Mai

Das Streben nach Glückseligkeit ist dem Menschen von Natur mitgegeben. Alle Menschen haben dasselbe, ihnen nicht streitig zu machende Recht, glücklich werden zu wollen und zu können; kein Mensch sucht Unglück. Gerechtigkeit und Gleichheit gehören ebenfalls zu den Grundrechten des Menschen, aber diese sollten auf der Basis von Uneigennutz und Selbstlosigkeit verwirklicht und nicht durch Macht und Reichtum unterhöhlt werden. Solch eine selbstlose Einstellung zu entwickeln, damit sowohl Gerechtigkeit wie auch Gleichheit bestehen können, ein unerschütterliches moralisches Wertegebäude für die soziale Umwelt aufzubauen, ist eine absolute Notwendigkeit.

4. Mai

Ohne Ideale kann keiner leben. Ohne Ideale gibt es keine Entwicklung, keine Bewegung nach vorne – ob diese Ideale letzten Endes verwirklicht werden, ist eigentlich nicht von solch entscheidender Bedeutung. Aber man sollte jeden Tag versuchen, ihnen nahe zu kommen.

5. Mai

Ein verwöhntes, verzogenes Kind, das von seinen Eltern schon fast aufgegeben wurde, sich aber plötzlich gut benimmt, beglückt seine Eltern außerordentlich. Wenn man auf seinen spirituellen Lehrer vertraut, kann man ihn auf ganz ähnliche Weise erfreuen und Negatives schon nach kurzer Zeit zum Guten wenden.

6. Mai

Die höchste und letzte Autorität muss immer in der Vernunft und kritischen Erkenntnisfähigkeit des Einzelnen liegen.

7. Mai

Wir werden unzählige Male geboren und wiedergeboren, und jedes menschliche Wesen kann das eine oder andere Mal unsere Mutter oder unser Vater gewesen sein. Daher lässt sich sagen, dass alle Wesen in diesem Universum untereinander familiäre Bindungen haben.

8. Mai

Nach der tibetischen Medizin haben organische Gebrechen mit Unwissenheit, Schwächen der Knochen mit Gefühlen des Zorns und krankes Blut mit den negativen Folgen aus den Abhängigkeiten von materiellen Dingen zu tun.

9. Mai

Schwerter können in Pflugscharen verwandelt werden, so ist es in der Bibel zu lesen. Es handelt sich um ein schönes Sinnbild: Eine Waffe wird umgewandelt in ein Werkzeug, das den grundlegenden Bedürfnissen der Menschen dient, und spiegelt eine Haltung der inneren und äußeren Entwaffnung wider.

10. Mai

Es ist oft zu hören, dass man sich einer gründlichen Prüfung durch einen fähigen und geistmächtigen Guru (Lehrer) unterziehen soll – auch wenn dies zwölf Jahre erfordern sollte.

11. Mai

Heute kommt es mehr denn je auf die Religionen an, um den Menschen, die völlig mit den Dingen der äußeren Welt beschäftigt sind, auf den Weg zum seelischen Gleichgewicht zu helfen.

12. Mai

Ich selbst reagiere immer noch gelegentlich gereizt und wütend und verwende harsche Worte gegen meine Mitmenschen. Einige Augenblicke später, wenn der Ärger sich gelegt hat, fühle ich mich beschämt und verlegen; die bösen Worte sind jedoch schon gesprochen und lassen sich nicht wieder zurücknehmen. Auch wenn, nachdem die Worte gesprochen sind, die Stimme verstummt, so wirkt der Inhalt der Worte noch weiter. Daraus lässt sich doch schließen, dass das Mindeste, was ich tun kann, darin besteht, zu dem Menschen zu gehen, den ich verletzt habe, und mich bei ihm zu entschuldigen.

13. Mai

Wenn mich Zweifel befallen, ob ich tatsächlich existiere, dann kneife ich mich. Selbst wenn unser Wissen über die Welt und wir selbst eine Illusion sein sollten, so existiert dennoch so etwas wie ein „Noch-Nicht-Geborenes“, ein „Noch-Nicht-Gewordenes“. Ohne dieses würden wir nicht existieren. Unsere Art zu existieren ist jedoch relativ in Bezug auf die Tätigkeit unseres Geistes und zugleich bedingt und geformt durch alle andere Existenzen um uns.

14. Mai

Wenn wir den materiellen Fortschritt betrachten, erkennen wir, dass die dafür notwendige Forschung, von einem Einzelnen begonnen, immer von anderen weitergeführt werden kann. Bei geistigem Fortschritt ist dies jedoch nicht möglich. Die geistige Verwirklichung, von der wir in der Buddha-Lehre sprechen, muss von jedem Einzelnem geleistet werden. Niemand kann dies vorab für uns tun.

15. Mai

Es gibt eine Art von Trunkenheit der Macht, die sich einstellt, wenn wir uns selbst Macht über materielle Dinge verleihen. Diese Trunkenheit verleitet uns dazu, immer noch mehr Macht zu erstreben. Wir können nicht anders als immer mehr zu wollen und zu verlangen. Anstatt dieses Feuer zu ersticken, entfachen wir es immer wieder aufs Neue. Anstatt uns in unserem Inneren „abzurüsten" – was letztlich das Einzige ist, was zählt –, rüsten wir uns immer weiter mit Eroberungswaffen auf. Und über all dem vergessen wir auch noch, ob die Erfüllung unseres Wunsches tatsächlich das ist, wonach wir uns gesehnt haben.

16. Mai

Wir müssen ein Gleichgewicht zwischen materiellem Fortschritt und ethischen Werten anstreben, zwischen Wissen und Weisheit.

17. Mai

Durch Zuhören und Anteilnahme kann unser Geist mit Glauben und Hingabe erfüllt werden, und damit können wir unsere innere seelische Freude bewahren und unseren Geist festigen. Durch Zuhören erlangen wir Weisheit und verringern unsere Unwissenheit. Daher lohnt es sich zuzuhören, gleichgültig, wie mühsam das sein mag. Das Zuhören ist einer Leuchtfackel vergleichbar, die die Dunkelheit des Unwissens vertreibt. Und wenn wir unseren Geist durch Zuhören bereichert haben, kann uns dieser hinzugewonnene Reichtum nicht mehr genommen werden – er ist der höchste Reichtum.

18. Mai

Wenn wir geben, sollen wir dies mit großer Fröhlichkeit und einem strahlenden Gesicht tun. Man sollte das Geben üben mit einem Lächeln und innerer Stärke.

19. Mai

Ich versuche, jeden, dem ich begegne, wie einen alten vertrauten Freund zu behandeln. Dies gibt mir ein echtes Glücksgefühl; denn es ist die Praxis des Mitgefühls.

20. Mai

Ohne die Gesellschaft gibt es auch keine individuelle Freiheit, sie wäre ohne Basis.

21. Mai

Ein Mensch, der von Zorn besessen ist, kann das Aroma der Nahrung nicht mehr schmecken, nicht gut schlafen und verliert seine Freunde. Sein Geist ist derart verwirrt, dass er sich nur noch beklagt und die Bemerkungen und Meinungen anderer als Störung und Zumutung empfindet.

22. Mai

Wenn die Worte zwar schön sind, aber keinen gültigen Inhalt haben, sollte man sie nicht annehmen. Auf der anderen Seite sollte man Worte annehmen, die zwar nicht schön und poetisch sind, aber einen zutreffenden Inhalt haben.

23. Mai

Viele Menschen meinen, einen Verlust im Leben mit Geduld und Gleichmut zu ertragen sei ein Zeichen von Schwäche. Dem ist aber nicht so. Zorn und Wut sind Zeichen von Schwäche, wohingegen Geduld ein Zeichen der Stärke ist. Zum Beispiel kann ein Mensch seine Meinung, die auf Vernunft gründet, selbstbewusst vertreten und dabei zuversichtlich sein oder sogar lächeln, während er seine Argumente darlegt. Wenn umgekehrt seine Gründe auf tönernen Füßen stehen und er dabei ist, sein Gesicht zu verlieren, wird er zornig, verliert die Beherrschung und beginnt unsinniges Zeug zu reden. Menschen, die Vertrauen in sich und in das haben, was sie gerade tun, werden selten von Gefühlen des Zorns überwältigt. Zorn und Wut werden besonders dann Besitz von uns ergreifen, wenn wir momentan verwirrt sind.

24. Mai

Wenn die Dinge in unserem Leben gut laufen, sind wir voller Selbstvertrauen und Selbstsicherheit und glauben, wir könnten ganz gut ohne Freunde und deren Hilfe auskommen. Wenn unsere Position und unser Ansehen jedoch unsicher sind und unsere Gesundheit sich verschlechtert, erkennen wir schnell und schmerzhaft, wie falsch wir mit unserer Sichtweise liegen.

25. Mai

Meiner Meinung nach gibt es zwei Arten von Furcht. Bei der einen Art liegen die Dinge ziemlich heikel. In solchen Fällen weiß ich, dass ich eine Entscheidung treffen muss, ganz gleich, ob ich zu dem betreffenden Zeitpunkt genau weiß, was zu tun ist oder nicht. Zunächst versuche ich, mich mit meinen Freunden zu beraten und ihre Ratschläge zu überdenken. Dann entscheide und handle ich, und ich schaue nicht mehr zurück oder bereue irgendwann später mein Handeln. All dies hängt eng mit der richtigen Motivation oder inneren Einstellung zusammen. Wenn ich keine negativen, selbstsüchtigen Motivationen oder Ziele habe, hege ich auch keine Schuldgefühle hinsichtlich meiner Entscheidungen. Eine zweite Art von Furcht nährt sich aus selbstgemachten Vorstellungen und Mutmaßungen. Um diese Furcht zu überwinden, sind Ruhe und Gelassenheit vonnöten, um die eigenen Mutmaßungen und die darauf beruhende Furcht näher zu betrachten und zu verstehen. Wenn man alles genau erkannt hat, wird sich diese auf Vorstellungen beruhende Furcht von selbst auflösen und zerstreuen.

26. Mai

Wenn ein Mensch niemals Liebe von seinen Mitmenschen erfahren hat, ist dies sehr traurig. Wenn allerdings dieser Mensch auch nur einem Menschen begegnet, der bedingungslose Liebe – einfach Annahme der Person und Mitgefühl – zeigt, und wenn dieser Mensch weiß und fühlt, dass diese Zuneigung und Liebe des anderen Menschen ihm zugedacht ist, dann hat dies zweifellos eine Wirkung, die jeder Mensch wertschätzen wird. Weil auch in diesem betreffenden Menschen ein Same der Menschlichkeit ist, wird die von einem anderen Menschen erfahrene Liebe den Samen öffnen, aufgehen und reifen lassen.

27. Mai

Ich bezeichne Mitgefühl als das globale Hauptnahrungsmittel.

28. Mai

Der Zweck der Meditation ist es, uns mit jeglichem Gegenstand und jeder Denkhaltung vertraut zumachen, über den oder die wir mehr erfahren möchten. Das ist die Bedeutung der Meditation als Vertrautmachung.

29. Mai

Manchmal fragt man mich, ob das Zölibatsgelübde wirklich wünschenswert ist und sich tatsächlich einhalten lässt. Ich brauche wohl nicht zu betonen, dass die Umsetzung des Gelöbnisses nicht nur darin besteht, die Sexualität zu unterdrücken. Ganz im Gegenteil, man muss die sexuellen Triebe und Wünsche als etwas völlig natürlich Gegebenes akzeptieren, um sie durch die Kraft der Vernunft transzendieren zu können. Ist man darin erfolgreich, so kann das Ergebnis für den Geist sehr nützlich sein. Das Eigentümliche und damit auch das Problematische bei den sexuellen Wünschen besteht darin, dass sie blind, gleichsam ziellos sind und nur vorübergehend, eben für eine begrenzte Zeit, befriedigt werden können. Es ist so, wie Nagarjuna sagte: „Wenn es dich juckt, kratzt du dich. Aber besser als jedes Kratzen ist, wenn es überhaupt nicht juckt."

30. Mai

Die Erfahrung von Leid trägt ohne jeden Zweifel dazu bei, eine höhere Stufe des Geistes zu erlangen, vorausgesetzt, man ist in der Lage, seinen Schmerz und sein Unglück so umzuwandeln, dass man dadurch auf den rechten Weg gelangt.

31. Mai

Disziplin ist eine hohe Tugend, die nichts als Glückseligkeit bringt, ganz gleich in welchem Lebensalter. Sie ist es, die unserem Leben einen erfrischenden Duft verleiht, der, anders als gewöhnliches Parfum, das nur mit dem Wind flüchtig vorbeischwebt, sich spontan in alle Richtungen ausbreitet.

Disziplin ist ein Balsam, der Erleichterung bringt von den Schmerzen, die durch Illusionen und Trugschlüsse verursacht werden.

JUNI

1. Juni

Wenn wir schlechte Handlungen erkennen, begreifen und vergeben können, die ein Mensch aufgrund seiner Unreinheit in der Vergangenheit begangen hat, so stärken wir uns auf diese Weise selbst und können die Probleme der Gegenwart konstruktiv lösen.

2. Juni

Es muss ein Gleichgewicht zwischen dem Gehirn und dem Herzen bestehen. Ich denke, dass ein herzloses menschliches Wesen mit einem sehr gut funktionierenden Gehirn ein gefährlicher Unruhestifter ist. Ich schätze jemanden, dessen Intelligenz weniger entwickelt ist, der aber ein gutes Herz hat, höher ein.

3. Juni

Der Hauptgrund für Depressionen ist nicht der Mangel an dem für das Leben materiell Notwendigsten, sondern die mangelnde Liebe anderer.

4. Juni

Zorn und Hass können keine Harmonie herbeiführen. Rüstungskontrolle und Abrüstung können nicht durch Konfrontation und gegenseitiges Verteufeln verwirklicht werden. Eine feindselige Haltung kann die kritische Lage nur verschärfen, während aufrichtiger Respekt vor dem anderen nach und nach das beruhigt und an Schärfe verlieren lässt, was sich ansonsten explosionsartig entladen würde. Wir müssen endlich den allzu häufigen Widerspruch zwischen kurzfristigem Nutzen und längerfristigem Schaden begreifen.

5. Juni

An Buddhas Lebensgeschichte können wir die drei Abschnitte der Übung erkennen: Zuerst kommt Ethik, dann konzentrierte Meditation und dann Weisheit. Und wir sehen, dass der Weg Zeit braucht.

6. Juni

Einmal betrat ich in Kalkutta ein Krankenhaus, in dem man große medizinische Geräte einsetzte; aber man gelangte zu falschen Diagnosen. Unsere tibetischen Ärzte arbeiten ohne jegliche Instrumente. Sie berühren den Patienten am Handgelenk, um die verschiedenen Pulse zu tasten, untersuchen ihn oder sie und wissen sehr genau, was nicht in Ordnung ist und worin die Krankheit besteht. Eine wirklich bemerkenswerte Methode.

7. Juni

Ein sehr armer, unterprivilegierter Mensch mag sich vorstellen, wie wunderbar es doch sein muss, ein Auto oder ein Fernsehgerät zu besitzen; und sollte er je ein Auto oder einen Fernseher bekommen, so würde er sich anfangs sicherlich glücklich fühlen. Wäre dieses Glücksgefühl in sich beständig, würde es immer andauern. Aber es ist nicht so; es ist flüchtig und vergänglich. Nach wenigen Monaten würde der betreffende Mensch ein anderes Auto, einen anderen Fernseher haben wollen. Dieselben Gegenstände, die ihn zunächst glücklich gemacht hatten, führen nun zu Unzufriedenheit und zum Wunsch nach Neuem. Dies ist das Wesen des Wandels.

8. Juni

Aus dem Grundsatz, dass alles in seinem Entstehen von anderem abhängt, lernen wir, dass Dinge und Ereignisse nicht grundlos entstehen. Leiden und unbefriedigende Lebensbedingungen werden durch unsere eigenen falschen Vorstellungen herbeigeführt und durch unsere „verunreinigten" Handlungen, die selbst wiederum durch unsere Illusionen verursacht sind.

9. Juni

Träume geben eine Ahnung von dem, was Geist sein kann. Es gibt keine spürbaren, durch die Sinne ertastbaren Gegenstände hinter diesen reinen Erscheinungen. In ähnlicher Weise ist die Bedeutung von „Selbst" und „Andere", *samsara* – Daseinskreislauf – und *nirvana* – der Zustand jenseits des Leidens – durch ihren Namen und unser Wissen über sie bestimmt. Daher kommt den Gegenständen keine ihnen innewohnende Existenz zu.

10. Juni

Buddhaschaft ist ein Zustand, der frei ist von allen für das Wissen hinderlichen Widerständen und verwirrenden Gefühlen und Stimmungen. Sie ist ein Zustand, in dem der Geist völlig entwickelt und entfaltet ist.

11. Juni

Schuld, wie sie in der westlichen Welt erfahren wird, ist auf das Engste verknüpft mit Hoffnungslosigkeit und Entmutigung und auf die Vergangenheit hin gerichtet. Aufrichtige Reue ist Ausdruck eines gesunden Geistes – sie ist zukunftsorientiert, nicht ohne jede Hoffnung, und zwingt uns zu handeln und uns zu ändern.

12. Juni

Beim Studium eines Textes sollten wir die Umstände, die Situation, die Zeit, Gesellschaft und Gemeinschaft, in denen dieser Text verfasst oder eine Lehre verbreitet wurde, mit bedenken.

13. Juni

Wenn denn alles Illusion ist – so mögen einige fragen –, wie sinnvoll ist es dann, ein Gegenmittel einzusetzen, das helfen soll, illusorische Leiden loszuwerden, wenn dieses Gegenmittel selbst doch auch nur ein Trugbild ist? Die Antwort darauf ist, dass illusorisches Leiden das Ergebnis von Ursachen und Bedingungen ist, die selbst wiederum ebenfalls Täuschung sind. Auch wenn der Schmerz eine Einbildung ist, so leiden wir doch unter ihm und wollen ihn loswerden. Das Gleiche gilt für die Glückseligkeit. Sie ist eine Fiktion, die wir dennoch erstreben. Also werden unwirkliche Gegenmittel angewandt, um eingebildete Leiden zu bekämpfen, so wie ein Zauberer eine Zauberillusion verwendet, um eine andere abzulösen oder aufzuheben.

14. Juni

Was heißt Anstrengung und Bemühung? Es bedeutet Freude in dem zu finden, was wir tun. Um dies zu erreichen, müssen wir alle Hindernisse beiseite schaffen, die diesem Ziel im Wege stehen, vor allem Untätigkeit. Ähnlich hinderlich sind übertriebene Trägheit und Gleichgültigkeit gegenüber *samsara,* dem Zustand des Leidens.

15. Juni

Klonen ist eine einfache, genaue Reproduktion von Leben, die aber auch beinhaltet, dass wir unseren evolutionären Möglichkeiten ein Ende setzen. Denn wenn wir Menschen klonen, erklären wir indirekt, dass wir uns für vollkommen halten und an dieser von uns bestimmten Stelle aufhören, uns weiter zu entwickeln. Und wenn wir andererseits mit dieser Technik auch Unsterblichkeit erlangen mögen, das heißt, Sterben und Tod ausschalten, machen wir dadurch auch die Geburt von Neuem unmöglich, denn die Erde würde schon nach kurzer Zeit zu belastet sein, um die für das Leben notwendigen Bedingungen aufrechterhalten zu können.

16. Juni

Die verschiedenen Wissenszweige, Technologie, die Erziehung, die Religion, habe ich manchmal mit den Fingern einer Hand verglichen. Die Hand ist der Mensch, ist die Menschheit. Einzelne Finger kann man verlieren, aber ohne die Hand haben auch die Finger keinen Sinn.

17. Juni

Bei Tieren können wir meist recht klar feststellen, was sie gerade durchleben oder erleiden, ihr Ausdruck und ihr Verhalten spiegeln ihre Befindlichkeit, während es sich bei Menschen in solchen Fällen differenzierter und nicht immer eindeutig verhält. Zu einem gewissen Grad können wir spüren, was in einem Menschen vor sich geht, aber sehr oft können uns Menschen in die Irre führen: Es kann vorkommen, dass sie zunächst nett zu sein scheinen, sich aber dann als unliebsame Zeitgenossen offenbaren. Umgekehrt können sich aber auch Menschen, die zunächst unausstehlich zu sein schienen, später als gute, verlässliche Freunde erweisen.

18. Juni

Wenn wir auf ein Problem stoßen oder uns jemand seelisch verletzt, lassen wir oft unmittelbar Gefühle von Ärger in uns hochkommen. Zorn erscheint uns gut und hilfreich, weil er uns den Mut zu verleihen scheint, den wir brauchen, um zurückzuschlagen und Wiedergutmachung zu erlangen. Auch der nicht einzudämmende Drang, materielle Dinge und Menschen „besitzen" und an uns zu binden zu wollen, scheint eine Art „bester Freund und Begleiter" zu sein. Beide,

Zorn und Besitzstreben in Bezug auf Menschen und Dinge, sind feste, integrale Bestandteile unseres Denkens und Fühlens geworden, so dass wir über diese Gefühlsmomente kaum mehr nachdenken, wenn sie in uns mächtig werden. Da sie uns also wie „Freunde" erscheinen, können Zorn und zu starke Bindungen uns in die Irre führen.

19. Juni

Ein starker Glaube zerstreut Zweifel und macht Mut; er befreit von Leiden und führt zu Frieden und Glück. Es ist der Glaube, der geistige Verwirrung vertreibt und das Denken wieder klar macht. Glauben mäßigt unseren Hochmut und lässt uns ehrfürchtig werden. Mit Hilfe des Glaubens kann man auf diesem spirituellen Pfad leicht von einer Stufe zur nächsthöheren gelangen. Mit ihm kann man alle Tugenden ohne große Mühen leben und einhalten.

20. Juni

Der Buddha hat niemals davon gesprochen, dass die Probleme, die sich uns stellen, das Resultat eines falsch angelegten Planes oder eines zeitlich ungünstig gelegten Beginns unserer Arbeit sei. Er sprach vielmehr von den schlechten, unglücklichen Erfahrungen als einer Folge von schlechten Taten. Daher gibt es für jemanden, der moralisch gut handelt, kein neues Jahr, keinen guten oder schlechten Tag.

21. Juni

Mutlos und verzagt zu sein entspricht nicht dem menschlichen Wesen; genauso wenig wie Jammern und Klagen. Wir sollten stattdessen unsere Intelligenz anwenden und hart arbeiten.

22. Juni

Allein der Mensch hat die Macht, die Erde zu zerstören. Vögel und Kaninchen können das nicht. Doch wenn der Mensch die Macht hat, die Erde zu zerstören, dann hat er auch die Macht, sie vor der Zerstörung zu bewahren.

23. Juni

Wenn die Tage länger und die Sonne intensiver werden, wächst junges, frisches Gras und wir fühlen uns glücklich. Dagegen verwelken im Herbst die Blätter und eines nach dem anderen fällt zu Boden. Wir sind traurig darüber. Warum? Weil wir tief in unserem menschlichen Wesen das Aufbauen, das Aufblühen und nicht die Zerstörung und den Zerfall bevorzugen.

24. Juni

Jeder spirituelle Fortschritt basiert auf der Grundlage einer richtigen und angemessenen Ethik.

25. Juni

Rache und Vergeltung, ausgeübt mit der blinden Energie des Zorns, erreichen selten ihr Ziel.

26. Juni

Die Zeit hält nicht inne noch wartet sie, sondern fließt ungehindert dahin. Dementsprechend schreitet auch unser Leben immer weiter voran. Wenn etwas im Leben misslingt oder uns ein Unglück widerfährt, können wir uns nicht umwenden, die Zeit anhalten und von neuem beginnen. So gesehen gibt es keine echte zweite Chance oder Gelegenheit.

27. Juni

Wir wollen mehr und mehr und mehr. Das ist, in gewisser Weise, wirkliche Armut – immerzu hungrig und hungrig und hungrig zu sein, ohne ein bisschen Zeit zur Zufriedenheit.

28. Juni

Ich verfüge über keinerlei Erfahrung, um die westliche Psychotherapie auf die Lehren des Buddhismus anwenden oder übertragen zu können. Ich weiß jedoch, dass menschliche Nähe und Vertrautheit nötig sind, um geistig-seelische Probleme zu überwinden und zu verarbeiten. Wenn wir uns seelisch öffnen, dann tun wir dies nur einem Menschen gegenüber, dem wir uns nahe fühlen und dem wir vertrauen. Sich auf diese Weise anzuvertrauen ist der erste Schritt, um über seelische Probleme hinwegzukommen.

29. Juni

Zu einem gewissen Grad ist die Erde unsere Mutter. Sie ist so liebenswert, weil sie, was immer wir auch tun, toleriert und erduldet. Aber nun ist eine Zeit gekommen, in der unsere Zerstörungskraft so stark geworden ist, dass Mutter Erde sich gezwungen sieht, uns zu Sorgfalt und Umsicht zu gemahnen. Die Bevölkerungsexplosion und andere Zeichen machen dies deutlich – die Natur hat aus sich heraus ihre eigenen Grenzen.

30. Juni

Ohne die Erfahrung des eigenen Geschmacks bleibt einem nicht viel anderes als zu sagen: „Oh, das ist sehr süß!" Man kann nicht viel über diese Süße sagen, etwa von welcher Art sie ist, wie stark sie ist und so weiter. Ähnlich verhält es sich mit den inneren meditativen Erfahrungen: Ihre tatsächliche Beschaffenheit kennt nur eine Person, die sie selbst gemacht hat; andere können sie nicht erkennen.

JULI

1. Juli

In der Hektik des modernen Lebens verlieren wir den wirklichen Wert des Menschseins aus den Augen. Die Menschen werden zur Gesamtsumme dessen, was sie produzieren. Menschliche Wesen verhalten sich wie Automaten, deren Zweckbestimmung es ist, Geld zu verdienen. Das ist vollkommen verkehrt. Der Zweck des Geldverdienens sollte das Glück der Menschen sein, und nicht umgekehrt.

2. Juli

Das Wichtigste in Notlagen ist, sofort zu helfen. Später können wir dann die Ursachen für das Unglück herausfinden und sie untersuchen. Ein indianisches Sprichwort besagt: Wirst du von einem Giftpfeil getroffen, ist das wichtigste, ihn zunächst herauszuziehen – es bleibt in dem Moment keine Zeit zu fragen, wer ihn abschoss, woher er kam, mit welchem Gift die Pfeilspitze getränkt ist... Löse zuerst das unmittelbare Problem und suche dessen Gründe erst danach. In gleicher Weise müssen wir bei menschlichem Leiden zunächst durch Mitgefühl und Nächstenliebe helfen und nicht uns fragen, ob wir die Politik, Moral und Einstellungen derer, denen wir helfen müssen, teilen oder nicht.

3. Juli

Jeder trägt die Verantwortung für sein eigenes Leben und kann sie nicht an eine Gruppe abgeben.

4. Juli

Im Zusammenspiel von Ethik und Politik sollten moralische Überzeugen die Grundlage und die Leitlinien für den Politiker bilden – dann können der Mensch und die Gesellschaft andauernden Nutzen daraus ziehen. Es wäre absurd davon auszugehen, Religion und Moral hätten in der Politik keinerlei Bedeutung und Wirkung, und religiös geprägte Menschen müssten sich wie Einsiedler zurückziehen und sich aus der Politik heraushalten.

5. Juli

Ich glaube fest an die Gerechtigkeit und die Selbstbestimmung des Menschen. In der Menschheitsgeschichte hat sich immer wieder gezeigt und erwiesen, dass der menschliche Wille stärker ist als jede Gewehrkugel. Daher bin ich trotz dieser für uns Tibeter schlimmen und bedrängenden Zeit unbeirrt der festen Überzeugung, dass tibetischer Glaube und tibetische Kultur überleben, fortbestehen und wieder aufblühen werden.

6. Juli

Zwischenmenschliche Beziehungen, die auf gegenseitiges Zugewandtsein und Nächstenliebe gründen, sind von entscheidender Bedeutung für menschliches Glück.

7. Juli

Statt unglücklich und von Hass erfüllt zu sein, sollten wir uns an dem Glück anderer erfreuen.

8. *Juli*

Anders als ein von außen kommender Feind, kann sich der innere Feind nicht neu formieren und zu einem weiteren Angriff übergehen – allerdings nur, wenn er aus dem Inneren heraus ein für alle Mal besiegt worden ist.

9. *Juli*

Man kann viele Gründe und Umstände ins Feld führen, die uns ungerecht, übertrieben ehrgeizig, selbstsüchtig und aggressiv werden lassen. Alles um uns herum treibt uns in diese Richtungen, nicht zuletzt aus rein wirtschaftlichen Beweggründen und kommerziellen Motiven: Ich muss dieses oder jenes besitzen, oder mein Leben ist nur jämmerlich und armselig. Die Welt wird uns auf eine Weise dargestellt und vorgeführt, in der der Wettbewerb als das alles prägende und lenkende Grundelement gilt; die Welt ist geteilt in „Gewinner" und „Verlierer". Aber dies ist eine falsche, ja eine vorsätzlich eingeführte falsche Sicht. Es ist der oberflächliche Blick auf die Dinge, der jeden tiefergehenden Einblick in das eigene Ich, jede Meditation und jedes Nachdenken verwehrt.

10. Juli

Die Macht der Medien, ganz gleich ob sie unmittelbar zutage tritt oder nur mittelbar, ist eine wirkliche Macht, die auf uns und unser Leben wirkt, unser Verhalten beeinflusst und verändert, ebenso unsere Geschmäcker und vielleicht sogar unser Denken. Wie jede andere Autorität, die Macht besitzt, darf die den Medien zukommende Macht nicht beliebig ausgeübt werden; sonst wird sie willkürlich und unverantwortlich. Diese Machtstellung überträgt denen, die über die Medien verfügen und sie einsetzen, eine Verantwortung, die mit der religiösen und politischen Verantwortung vergleichbar ist. Auf eine ihnen typische Weise tragen die „Medienmacher" zur Gestaltung und Aufrechterhaltung der menschlichen Gemeinschaft bei. Das Wohl dieser Gemeinschaft sollte ihr wichtigstes Anliegen sein.

11. Juli

Das Bilden und das Üben des Geistes kommt einer Kunst gleich. So gesehen ist das ganze Leben wie eine Kunst. Dabei geht es mir nicht so sehr um den äußeren, stofflich-körperlichen Aspekt von Kunst: Ich meditiere ganz einfach und übe meinen Geist. Und was die äußere Erscheinungsform angeht, so ist die Natur in ihrer ursprünglichen Form ebenfalls Kunst.

12. Juli

In schwierigen Situationen besteht die beste Zuflucht darin, so ehrlich und aufrichtig zu sein wie möglich. Indem Sie barsch oder selbstsüchtig reagieren, verschlimmern Sie die Angelegenheit einfach nur.

13. Juli

Manchmal glaube ich, dass der Akt des Nahrung-Bringens und -Gebens eine der grundlegenden Wurzeln jeder Beziehung ist.

14. Juli

Wenn Schüler ihrem Lehrer seine Fehler aufzeigen und auf sein widersprüchliches Verhalten hinweisen, kann dies dem Lehrer helfen, dieses Verhalten zu ändern und Fehler auszumerzen.

15. Juli

Jeder von uns muss ein Leben führen, das geprägt ist von menschlichem Mitgefühl, Nächstenliebe und einem Wissen um sich selbst – dafür sollten wir keine Anstrengung scheuen. Dann werden wir keinerlei Grund haben, irgendetwas zu bereuen.

16. Juli

Bei Konflikten versuche in deinen Reaktionen zurückhaltend zu bleiben, bewahre eine innere, aufrechte Gesinnung und bemühe dich um eine faire Lösung, die allen Beteiligten gerecht wird. Natürlich kann es vorkommen, dass andere versuchen, dich zu übervorteilen und auszunutzen; und wenn deine Ruhe und Gelassenheit unangemessene Aggressionen von Seiten anderer begünstigt, nimm eine entschiedene und energische Haltung ein.

Dies sollte jedoch mit Mitgefühl geschehen; und sollte es für dich nötig sein, deine Ansichten unmissverständlich zu vertreten oder gar zu Gegenmaßnahmen zu greifen, so tu dies ohne Zorn und böse Absichten.

17. Juli

Würde ein Arzt den festen Entschluss fassen, die ganze Welt von einer bestimmten Krankheit zu befreien, und sich mit dieser Motivation an die Forschungsarbeit machen, so wäre dies doch sicher sehr wertvoll. Der Entschlusskraft, der Willensstärke sind keine Grenzen gesetzt. Ein Entschluss, der von Anfang an von starker Entschlossenheit getragen wird, wird stets Gewicht haben, mag er praktikabel sein oder nicht.

18. Juli

Du solltest erkennen, dass deine Widersacher, selbst wenn sie dich zu verletzen scheinen, sich mit ihrer zerstörerischen Energie letzen Endes selbst schädigen oder gar zerstören.

19. Juli

Die menschliche Natur ist dem Wesen nach Gewaltlosigkeit. Solange das fühlende Herz und die Intelligenz des Gehirns nicht auseinander gerissen werden, kann der Mensch seiner Natur gemäß auch gewaltfrei bleiben.

20. Juli

Äußere Feinde sind nicht von Dauer; wenn wir ihnen Respekt zollen, werden sie zu unseren Freunden. Aber der innere Feind ist ein immerwährender Feind, mit dem wir niemals Kompromisse eingehen sollten. Dieser Feind lebt in unserem Herzen. Wir werden wohl kaum all unsere schlechten, niedrigen und bösen Gedanken in Freunde verwandeln können, aber wir müssen uns ihnen stellen und sie im Zaum halten.

21. Juli

In unserer gegenwärtigen Situation kann es sich niemand erlauben, zu erwarten oder anzunehmen, dass ein anderer Mensch stellvertretend Probleme für ihn löst. Jeder Einzelne trägt die Verantwortung, dabei mitzuhelfen, unsere Weltgemeinschaft auf den rechten Weg zu leiten. Gute Wünsche allein reichen nicht; wir müssen uns aktiv dafür einsetzen.

22. Juli

An der Herstellung von Bomben sind Experten beteiligt. Sie konzentrieren sich auf einen eng begrenzten Bereich und entwickeln sich darin zu Spezialisten, ohne dabei jedoch die weiter reichenden Folgen und Auswirkungen ihrer Handlungen zu sehen und zu bedenken; sie haben eine Art Tunnelblick. Ein derart eingeengtes Blickfeld fördert die Selbsttäuschung. Aus dem Blickwinkel dessen, der unter technischem und wirtschaftlichem Aspekt das Bestmögliche herausholen möchte, bedeutet so zu handeln eine große Errungenschaft. Auf ihrem eigenen, jedoch engen Feld, in ihrer eigenen Betrachtungsweise leisten diese Experten eine außergewöhnliche, großartige Sache.

23. Juli

Der spirituelle Lehrer ist für sein eigenes fehlerhaftes Verhalten verantwortlich. Und der Schüler darf sich aus seiner Eigenverantwortung heraus von dieser inkorrekten Verhaltensweise nicht verleiten lassen. Beide trifft gegebenenfalls der gleiche Vorwurf: den Schüler, der, seinem spirituellen Lehrer zu ergeben, dessen Weisungen blind folgt; dies verdirbt und verbiegt den Charakter des Schülers. Und natürlich trifft der Vorwurf auch den geistigen Führer, weil es ihm an der Rechtschaffenheit mangelt, die nötig ist, um sich gegen Verführbarkeit und Korrumpierbarkeit wehren zu können.

24. Juli

Wenn wir durch Rituale und durch ein bestimmtes Verhalten den von uns erstrebten spirituell geprägten Raum und die rechte Atmosphäre schaffen, dann wird dies eine nicht zu unterschätzende Wirkung auf unsere Erfahrungswelt haben.

Wenn uns jedoch die innere Dimension für dieses gewünschte geistig-seelische Erlebnis fehlt, dann verkommen Rituale zu bloßen Äußerlichkeiten. Sie verlieren ihre Bedeutung und ihren Sinn und werden zu unnützen Bräuchen – nichts weiter als ein Vorwand, Zeit zu verschwenden.

25. Juli

Sexuelles Fehlverhalten zieht negative geistige, seelische und gesellschaftliche Konsequenzen nach sich. Es führt zu Zwietracht zwischen Lebenspartnern und wirkt sich nachteilig auf die Kinder aus. Vergewaltigung ist noch schlimmer: Sie verletzt durch die Ausübung von Zwang den Körper eines anderen Menschen und zerstört die menschliche Seele – das führt gerechtfertigter Weise zu Auseinandersetzungen vor Gericht und vervielfältigt damit die Probleme in der Gesellschaft.

26. Juli

Unter keinen Umständen sollten Sie die Hoffnung verlieren. Hoffnungslosigkeit ist ein echter Grund für Misserfolg. Vergessen Sie nicht: Sie können jedes Problem überwinden. Bleiben Sie auch dann gelassen, wenn die äußere Umgebung verwirrt und verwickelt ist; das wird keine große Wirkung auf Sie haben, wenn Ihr Geist in Frieden ist. Wenn Ihr Geist jedoch dem Hass nachgibt, dann wird sich Ihnen geistiger Frieden entziehen, auch wenn die Welt friedlich und gemütlich ist.

27. Juli

In unserer heutigen Welt sehen wir uns einer Vielzahl von Problemen gegenüber. Einige sind naturgegebene Katastrophen, die wir akzeptieren müssen und mit denen wir so gut es geht umgehen sollen. Aber einige andere Probleme sind durch unser eigenes Fehlverhalten und unsere schlechten Vorsätze entstanden – Dinge, die wir eigentlich vermeiden können. Eines dieser gravierenden Probleme ergibt sich aus ideologischen und religiösen Konflikten, in denen Menschen einander bekämpfen und dabei die von allen Menschen geteilten Wünsche und Ziele völlig aus dem Blick verlieren. All die unterschiedlichen Glaubensrichtungen, ideologischen und politischen Systeme stellen nur unterschiedliche Weisen dar, ein Ziel zu erreichen, nämlich: Glückseligkeit im Leben. Deshalb sollten wir niemals Mittel über Zwecke oder Ziele stellen: der Mensch muss über dem Materiellen stehen – es darf das Menschliche nicht bestimmen.

28. Juli

Es bleibt eine Tatsache, dass die (Wieder-)Geburtszyklen aller Lebewesen ohne Beginn sind und jeder von uns in den zahllosen vorangegangenen Lebensläufen die Rolle einer Mutter erfüllt hat. Das Gefühl einer Mutter für ihr Kind ist das klassische Beispiel für Liebe. Für die Sicherheit, den Schutz und das Wohl ihrer Kinder ist eine Mutter bereit, ihr eigenes Leben zu opfern. Kinder sollten deshalb, wenn sie dies erkannt haben, ihren Müttern gegenüber dankbar sein und ihre Dankbarkeit durch achtsames, von Respekt erfülltes Handeln ausdrücken.

29. Juli

Wenn man die meiste Zeit eine gute Motivation in sich trägt und danach strebt, anderen Menschen zu nützen, so gut man kann, wird man keine Reue empfinden, wenn der letzte Tag kommt. Man wird mit dem Gefühl sterben, das Mögliche getan und sein Leben sinnvoll und nützlich geführt zu haben. Das ist sicher eine der besten Schutzmaßnahmen, um Furcht angesichts der Nähe des Todes zu vermeiden.

30. Juli

Die Tatsache, dass sich Leiden und Glück ihrerseits von Augenblick zu Augenblick verändern, lässt erkennen, dass diese Erfahrungen von Glück und Leiden abhängig von Ursachen und Wirkungen sind. Um uns vom Leiden zu befreien, müssen wir die Ursachen und Bedingungen des Leides beseitigen, und um Glück zu erreichen, müssen wir die Ursachen und Bedingungen für Glück schaffen.

31. Juli

In meinem täglichen Leben verbringe ich jeden Tag mindestens fünfeinhalb Stunden mit Beten, Meditieren und Studieren. Darüber hinaus bete ich auch, wenn es möglich ist, in verschiedenen Momenten des Tages, etwa bei Mahlzeiten und während des Reisens. Ich tue dies aus drei Gründen: erstens trägt das Beten zur besseren Erfüllung meiner täglichen Pflichten bei; zweitens hilft es mir, die Zeit sinnvoll und produktiv zu verbringen; und drittens besänftigt es die Furcht! Was jedoch viel wichtiger ist: Ich erkenne keinen Unterschied zwischen dem Ausüben der Religion und dem täglichen Leben.

AUGUST

1. August

Mitgefühl ist die praktische Vorgehensweise und Weisheit die philosophische Sicht, um die Wirklichkeit zu begreifen.

2. August

In Bezug auf Mitgefühl und Nächstenliebe gibt es keine Grenzen, und daher sollte man nicht mit dem zufrieden sein, was man auf diesem Gebiet erreicht hat.

3. August

Wenn jemand seine alte Religion aufgibt, dann sollte es weder aus schwärmerischer Begeisterung für das Fremde noch im Konflikt mit der eigenen Kultur geschehen. Man sollte die religiöse Gemeinschaft, der man entstammt, weiterhin achten und sich nicht bewusst von ihr absondern.

4. August

Sowohl bei den beeinträchtigenden Aspekten unseres Lebens wie auch bei den befreienden gibt es Ursachen und Wirkungen. Die wahren Leiden und die wahren Ursachen des Leidens sind Wirkung und Ursache bei den Dingen, die wir nicht möchten; die wahre Beendigung des Leidens und die wahren Wege sind Wirkung und Ursache bezüglich dessen, was wir uns wünschen.

5. August

Die vegetarische Lebensweise ist zu bewundern. Im Buddhismus gibt es jedoch kein eindeutiges Verbot gegen den Verzehr von Fleisch. Eindeutig verboten ist jedoch, Fleisch zu bestellen mit dem Wissen oder der Vermutung darum, dass dafür eigens ein Tier getötet werden musste.

6. August

Wenn wir die Lehren Buddhas aufnehmen, ist es wichtig, dass wir dies mit der richtigen Geisteshaltung tun. Der *dharma,* die grundlegende Lehre des Buddha, wird nicht ausgeübt, wenn wir uns damit materiellen Gewinn oder höheres Ansehen versprechen. Genauso wenig sollten wir eine bessere Wiedergeburt im nächsten Leben oder unsere Befreiung vom *samsara* erwarten. Alle diese Wünsche sollten wir in uns zurückweisen. Stattdessen sollten wir die Lehren hören mit der Absicht, damit einen höchsten Grad von Wissen und Erkenntnis zum Wohle und Nutzen aller Lebewesen zu gewinnen.

7. August

Im Tibetischen bedeutet das Wort „Segen" soviel wie „innere Umformung durch Würde, Erhabenheit oder Kraft". Oder um es anders auszudrücken: aufgrund von Erfahrungen eine Änderung zum Besseren in unserem Geist und unserer Seele herbeiführen.

8. August

Nur wenn man religiöse Praktiken wie die Meditation oder das Gebet täglich übt, haben sie eine Wirkung. Dann erst wird man innerlich reifen.

9. August

Achtsamkeit kommt aus einem stark entwickelten Bewusstsein für die eigenen körperlichen und verbalen Handlungen, was sich auch auf die Traumwelt überträgt. Wenn man dem eigenen Verhalten beim Essen, Kommen und Gehen, Stehen und Sitzen und so weiter sehr genau Beachtung schenkt, dann schlagen die Bedingungen für Achtsamkeit kräftige Wurzeln.

10. August

Menschen, die ihren Glauben gemäß seinen Grundsätzen ausüben, lassen sich nicht durch äußeren Druck oder die eigenen Gefühle ablenken oder verwirren; sie sind innerlich frei, um den vorübergehenden wie auch bleibenden Nutzen für sich und andere zu sichern und zu wahren. Sie lassen sich nicht vereinnahmen, fürchten nichts und sind mit sich in Einklang. Immer sind sie friedfertig, anderen wohlgesonnen und in allem hilfsbereit. Wo immer wir uns befinden: Lasst uns bescheiden und respektvoll, nicht aber laut und gebieterisch sein. Lasst uns andere in ihren Gefühle nicht verletzen und ihnen keinen Anlass geben, sich in negativer Weise zu verhalten.

11. August

Wenn sich die Dinge im Leben eines Menschen, den wir nicht mögen, ungünstig und nachteilig entwickeln, was würde es uns bringen, darüber schadenfroh zu sein? Es würde seine Leiden nicht verschlimmern, und selbst wenn es so wäre: Wir sollten traurig darüber sein, uns so etwas überhaupt gewünscht zu haben.

12. August

Unser gesamtes System der Erziehung befindet sich in einer Krise. Es ist nicht anpassungsfähig. Dasselbe gilt für Wirtschaft und Politik. Alles scheint sich unserer gedanklichen Fassbarkeit und damit unserer Kontrolle zu entziehen.

13. August

Es mag scheinen, als habe Gott sich irgendwo schlafen gelegt. Dies ist ein Scherz, denn im Buddhismus gibt es die Vorstellung eines Schöpfergottes nicht. Sollte er aber tatsächlich eingeschlafen sein, ist es unsere Pflicht und Aufgabe, ihn zu wecken. Wir können Gott nicht für alle unsere Schwierigkeiten und Probleme verantwortlich machen und auch nicht für unser Schicksal oder unser *karma,* den gesetzmäßigen Kreislauf von Tat – Ursache – Wirkung. All dies wäre Ausdruck einer wenig mutigen Geisteshaltung.

14. August

Die Todesstrafe verabscheue ich zutiefst und lehne sie ohne Wenn und Aber ab. Mein Vorgänger hat sie in Tibet abgeschafft. Es fällt mir schwer zu glauben, dass sie heute in Staaten wie China und Indien weiterhin besteht. Im Namen der Gerechtigkeit werden immer noch Menschen im Lande Mahatma Gandhis hingerichtet! In genau jenem Land, in dem Buddha lehrte! Die Todesstrafe ist reine Gewalt, eine barbarische und zumal sinnlose Gewalt und darüber hinaus eine gefährliche, weil sie nur zu anderen gewaltsamen Taten führen kann – dies war, ist und wird immer bei jeder Art von Gewalt der Fall sein. Die Höchststrafe sollte lebenslänglicher Freiheitsentzug ohne unnötige zusätzliche Brutalität und Drangsalierung gegenüber dem Verurteilten sein.

15. August

Ich möchte sagen, dass die Essenz der Lehre des Buddha in zwei Sätzen zu finden ist:

> Hilf anderen, falls möglich.
>
> Falls das nicht möglich ist, füge zumindest niemandem Schaden zu.

16. August

Entschlossenheit und innere Kraft gehören zu den besten Mitteln, um geistiges Leid zu überwinden. Wir müssen uns in solchen Geisteshaltungen üben, um schon vorbereitet zu sein, wenn uns etwas widerfährt.

17. August

Schuld, so sagen manche Gelehrte, lässt sich überwinden. Der Begriff „Schuld" existiert in der buddhistischen Begriffswelt nicht. Durch die Buddhanatur, die Teilhabe aller Lebewesen am Wesen Buddhas, können alle negativen Dinge „gereinigt" werden. Schuld ist mit unserem buddhistischen Denken insofern nicht vereinbar, als man zwar Teil eines Geschehens ist oder Anteil an ihm hat, aber nicht völlig bzw. ausschließlich alleine dafür verantwortlich ist. Man ist nur ein Teil der Faktoren und Bedingungen, die insgesamt zu einem bestimmten Ereignis beigetragen haben. In manchen Fällen muss man jedoch bereuen und Abbitte tun, Verantwortung übernehmen und den einmal begangenen Fehler nicht wieder begehen.

18. August

Wenn man nach langem Studieren und Lernen vieles besser verstehen kann und deshalb hochmütig und eingebildet wird, ist dies beklagenswert. Wenn Menschen, die nicht wissen, worum es im *dharma,* der grundlegenden Lehre des Buddha, geht, sich stolz gebärden, ist dies verzeihlich. Wenn jedoch unter den Menschen Stolz und Einbildung anzutreffen sind, die den *dharma* praktizieren, so ist dies eine große Schande.

19. August

Wie können wir die Einstellung des Interesses an anderen kultivieren? Der wichtigste Schritt in die Richtung, sich an der Fürsorge für andere zu orientieren, besteht darin, die eigene Wichtigkeit im Vergleich zu anderen zu betrachten.

20. August

Warum soll man sich sorgen, wenn sich ein Problem lösen lässt? Wenn es eine Lösung gibt, dann braucht man sich doch nicht zu ängstigen. Und wenn etwas unabänderlich ist, dann muss man sich fügen. Sorgen nehmen einem nur die nötige Kraft. Sie sind nutzlos.

21. August

Man sollte seinen Glauben mit einer Motivation und inneren Haltung ausüben, die der von Kindern ähnelt, die völlig von ihrem Spiel oder einer anderen Aktivität eingenommen, ja gefangen sind. Ein Kind, das in seinem Spielen gänzlich aufgeht, ist einerseits voller Freude, aber zugleich niemals zufrieden gestellt – so sollten auch wir sein, wenn wir versuchen, den *dharma* zu praktizieren.

22. August

Gewöhnlicher Egoismus konzentriert sich nur auf die eigenen Bedürfnisse; wenn Sie aber auf kluge Art egoistisch sind, dann behandeln Sie andere genauso gut wie diejenigen, die Ihnen nahe stehen. Letzten Endes wird diese Strategie mehr Zufriedenheit und mehr Glück hervorbringen.

23. August

Wenn wir etwas tun in der Überzeugung, dass es das Richtige ist, spielt Zeit keine entscheidende Rolle, solange jeder Tag in unserem Leben ein sinnvoll gelebter Tag wird.

24. August

Glaube ist kein bloßes Sich-Verlassen auf Worte. Vielmehr verbindet er die eigene Erfahrung und das Evangelium zur Entwicklung einer festen Überzeugung. Das ist in jeder Religion sehr wichtig und sogar notwendig.

25. August

So wie wir vielleicht am Ende eines Tages auf die Schnelle überschlagen oder ausrechnen, wie erfolgreich sich unser Geschäft entwickelt hat, indem wir Zahlen zusammenzählen oder den erwirtschafteten Gewinn taxieren, sollten wir auch überprüfen, welche Art von Leben wir während des verstrichenen Tages geführt haben – ob es gut oder weniger gut war.

26. August

Für Buddhisten und Christen gleichermaßen ist die Praxis der Spiritualität am frühen Morgen von großem Wert. Sie ruft eine Erfahrung oder eine Art von Empfindung hervor, die uns durch den Rest des Tages begleiten kann.

27. August

Menschen dürfen auf vieles hoffen. Wenn sich eine Hoffnung nicht erfüllt, dann ist das keine Katastrophe, das Leben mit seinen vielfältigen Möglichkeiten geht weiter, und andere Wünsche werden in Erfüllung gehen.

28. August

Die Wesen, die diese Welt bewohnen – seien sie nun Menschen oder Tiere –, sind hier, um, jeder auf seine Weise, zur Schönheit und zum Wohlergehen dieser Welt beizutragen. Viele Wesen haben einzeln oder gemeinsam mit anderen sich bemüht, unser Leben angenehm und lebenswert zu gestalten. Die Nahrung, die wir zu uns nehmen, die Kleidung, die wir tragen, sind nicht einfach vom Himmel gefallen. Andere haben all dies in harter Arbeit hergestellt. Deshalb haben wir allen Grund, unseren Mitmenschen und den anderen Lebewesen dankbar zu sein. Mitgefühl und liebevolle Zuneigung sind die Kennzeichen von Lebensglück und Erfolg.

29. August

Ich bin in der westlichen Welt und Gesellschaft auf vieles gestoßen, das mich sehr beeindruckt. Besonders bewundere ich die Energie, Kreativität und den Wissensdurst in den westlichen Gesellschaften. Auf der anderen Seite entdecke ich in ihnen aber auch etliche Facetten, die mir Anlass zur Sorge geben. Menschen in der westlichen Welt neigen oft dazu, fast nur in „schwarz und weiß", „entweder – oder" zu denken und dabei die Tatsache zu verkennen, dass alles in Bezug zueinander und gegenseitiger Abhängigkeit steht. Sie verlieren den Blick für die grauen Bereiche und die Schattierungen, die zwischen zwei Ansichten liegen. Und noch etwas anderes fällt auf: Trotz so vieler Brüder und Schwestern als Nachbarn scheinen viele Menschen ihre Zuneigung und wahre Liebe nur ihren Katzen und Hunden zeigen zu können.

30. August

Segnungen an sich sind nicht genug – sie müssen aus dem eigenen Inneren kommen. Ohne eigene Anstrengung können sich die Segnungen nicht verbreiten und auswirken.

31. August

Ein versierter und erfahrener Arzt geht individuell auf die je besonderen Bedürfnisse eines Patienten ein und verordnet entsprechend die auf jeden Einzelnen abgestimmte notwendige Medizin, um die Krankheit zu heilen. Daneben werden Behandlungsmethode und Arzneien variieren, je nachdem, wie das besondere Zusammentreffen von Umständen, Zeit und Ort es verlangt. Und dennoch sind all diese sich voneinander unterscheidenden medizinischen Behandlungen ähnlich, indem jede von ihnen das Leiden des Patienten lindern oder beseitigen und seine Krankheit heilen will. Auf gleiche Weise beabsichtigen alle religiösen Lehren und Leitsätze, uns Menschen von unserem Elend und Leid zu befreien und uns zu unserem Lebensglück zu verhelfen.

SEPTEMBER

1. September

Die Aufgabe des Menschen besteht darin, anderen zu helfen. Das ist es, was ich weitergeben möchte. Das ist, was ich glaube. Für mich ist eine Verbesserung der Beziehungen von fundamentaler Bedeutung. Die Beziehungen unter den Menschen sollten besser werden. Dazu will ich beitragen und tun, was immer ich kann.

2. September

Eine große Frage begleitet immer unsere Erfahrungen, gleichgültig, ob wir über diese Frage bewusst nachdenken oder nicht: Worin besteht der Sinn und Zweck des Lebens? Vom Moment der Geburt an sehnt sich jeder Mensch nach Glück und versucht, das Leid für sich so gering wie möglich zu halten. Weder unsere gesellschaftliche Sozialisation, Erziehung und Bildung noch irgendeine Ideologie und Glaubenshaltung haben darauf irgendeinen Einfluss. Aus dem tiefsten Kern unseres Seins wünschen wir ganz einfach Zufriedenheit und Glückseligkeit. Daher müssen wir selbst entdecken und herausfinden, worin für uns das größte Glück besteht.

3. September

Es wäre wünschenswert, wenn die Größe der Familien begrenzt wäre; Geburtenkontrolle sollte uns ein vordringliches Anliegen sein. Es ist äußerst wichtig, weniger Kinder zu haben, die zugleich angemessen versorgt sein müssen. Neben einer guten Erziehung und Ausbildung müssen wir ihnen Hochachtung vor dem Leben und den Wert menschlicher Zuneigung und Liebe vermitteln.

4. September

Nach der buddhistischen Seelenlehre stammen die meisten unserer Schwierigkeiten aus unserem leidenschaftlichen Wunsch, Dinge zu besitzen, die wir irrtümlicherweise für unvergänglich halten. Besonders die Habgier, das Verlangen, etwas zu besitzen, machen uns aggressiv. Diese Haltung bestimmt dann auch unser Tun.

5. September

Die drei körperlichen unheilsamen Handlungen sind: Töten, Stehlen und sexuelles Fehlverhalten. Die vier verbalen unheilsamen Handlungen sind: Lügen, Zwietracht säen, verletzende Worte und sinnloses Geschwätz. Die drei geistigen unheilsamen Handlungen sind: Habgier, Übelwollen und falsche Ansichten.

6. September

Es mag sein, dass man in Klöstern der westlichen Welt Ruhe und innere Konzentration findet, aber außerhalb – besonders in den Städten – scheint das Leben mit höchster Geschwindigkeit abzulaufen, wie eine Uhr ohne einen Moment der Ruhe! Wenn man das städtische Leben so betrachtet, drängt sich der Eindruck auf, als ob jede Einzelheit im Leben eines Menschen so präzise ausgerichtet und aufgebaut sein muss, dass sie wie eine Schraube ganz exakt in ein Loch passt. In gewissem Sinne hat der Einzelne keine Kontrolle über das eigene Leben; um zu überleben, muss man sich anpassen und das vorgegebene Tempo einhalten.

7. September

Möge ich all die unzähligen Lebewesen unterstützen und ihnen beistehen, so wie die Erde es tut. Und so lange sie die Erleuchtung noch nicht erlangt haben, möge ich mich ganz ihrer Glückseligkeit widmen.

8. September

Wenn Menschen zornig werden, verlieren sie jeden Sinn für Glück. Mögen sie noch so schön aussehen und normalerweise friedfertig sein, im Moment der Wut werden ihre Gesichter verzerrt und hässlich. Zorn beeinträchtigt ihr körperliches Wohlbefinden und alles Übrige; er lässt sie frühzeitig altern. Glück, Frieden und innere Ruhe schwinden, und sie können nicht mehr die Menschen wertschätzen, die ihnen in ihrer Not beigestanden haben und deshalb ihre Dankbarkeit und ihr Vertrauen verdienen.

9. September

Neben dem Gedächtnis, das uns ermöglicht, uns zum Beispiel frühere Erfahrungen in Erinnerung zu rufen, haben wir latente, unbewusste Neigungen und Tendenzen, die unter bestimmten Bedingungen hervorbrechen und unsere Art zu handeln beeinflussen. Diese Verhaltenstendenzen sind das Ergebnis von tief greifenden Erlebnissen der jüngeren oder weiter zurückliegenden Vergangenheit, die uns unbewusst dazu bringen, in gewissen Situationen auf eine bestimmte sich immer wiederholende Art zu reagieren, ohne dass wir uns deshalb in solchen Momenten notwendigerweise an die zurückliegenden Erlebnisse erinnern. Zu erklären, wie und warum diese Tendenzen zustande kommen, ist sehr schwierig; man behilft sich mit der Vorstellung, dass diese Neigungen sich, verbunden mit den damals erlebten Situationen, in unser Unterbewusstsein gleichsam „eingegraben" haben.

10. September

Das Bevölkerungswachstum ist eng verbunden mit dem Grad der Armut, und umgekehrt laugt die Armut die Erde aus. Wenn Gruppen von Menschen vom Hungertod bedroht sind, ernähren sie sich von allem Möglichen, z.B. Gras und Insekten; sie fällen Bäume und hinterlassen das Land ausgedörrt und kahl. Alle anderen Sorgen treten im Vergleich zu der Sorge um das bloße Überleben völlig in den Hintergrund. Deshalb wird für die nächsten dreißig Jahre das, was wir das „Umweltproblem" bezeichnen, das komplizierteste und drängendste sein, mit dem sich die Menschheit auseinander zu setzen und das sie zu lösen hat.

11. September

Da wir nun einmal von Natur aus mit der Fähigkeit zum Mitgefühl ausgestattet sind, aber dieses Gefühl sich auch ausdrücken und spürbar werden soll, ist es gut, dass wir es sozusagen „aufwecken". Gewalt, die einem unschuldigen Menschen angetan wird, macht uns ungehalten, lässt uns empört reagieren und hilft uns auf diese Weise, in uns die Fähigkeit zum Mitgefühl zu entdecken. Auf eine eigentümliche Weise kann die im Fernsehen gezeigte Gewalt unsere Aufmerksamkeit für Leiden aufrechterhalten. Gefährlich wird es, wenn diese Gewalt zu Abgestumpftheit führt. Deshalb ist es ein zentrales Anliegen der buddhistischen Lehre, zu zeigen, wie man sich und seine Gefühle frei vom Anhaften an Dingen und Erfahrungen hält, d.h., sich von der Wucht positiver und negativer Ereignisse nicht einnehmen lässt, ohne deswegen zugleich in Gleichgültigkeit zu verfallen.

12. September

Das eigentliche Zugehörigkeitsgefühl zu Tibet entstand in mir während der schwierigsten Epoche der Geschichte des Landes. Jahrhunderte einer festen, tiefen Verbundenheit mit diesem Land kann das Bewusstsein dafür allzu leicht verschwinden lassen, denn die Verwurzelung mit der Erde scheint sicher und unauflösbar zu sein. Dann jedoch geschieht unversehens etwas, das einen diese engen Verbindungen in Zweifel ziehen lässt: Man entdeckt die zynische Brutalität, die zerstörerische Kraft der Unterdrückungsgewalt, die eigene Verwundbarkeit und Schwäche. Zuallerletzt verlässt man das eigene Land und sieht es nie wieder, nur aus weiter Ferne. Es wird überfallen, besetzt, aber dennoch erkennt man, dass es nicht untergegangen ist, sondern weiter in einem existiert und lebt, so dass man immer noch „tibetisch" fühlt. Dann beginnt man sich zu fragen: Was heißt es, Tibeter zu sein?

13. September

Wir fürchten uns zu sterben, weil wir Tag und Stunde unseres Todes nicht wissen können, weil der Tod uns in jedem Moment überraschen kann. Weil wir uns vor dem fürchten, was nach dem Tod kommt, ängstigen wir uns vor einem Ort, der uns unbekannt, unwirtlich und von Furcht und Grauen erfüllt anmutet. Wenn wir „gut" und friedlich sterben wollen, müssen wir gut leben lernen. Das Erlebnis des Todes ist außerordentlich wichtig, weil unser Bewusstseinszustand in diesem Moment mit entscheiden kann, wie unsere zukünftige Wiedergeburt sein wird. Aber selbst im Moment des Sterbens können wir noch Einfluss nehmen. Im Prozess des Sterbens kann die Meditation einen unvergleichlichen Höhepunkt erreichen. Dies wird auch dadurch bewiesen, dass manchmal der Körper auch nach dem Tod noch erhalten bleibt.

14. September

Wenn Sie eifersüchtig oder neidisch sind oder einem Feind Schaden zufügen wollen, denken Sie über alle seine oder ihre Eigenschaften nach, anstatt ein Eintopfgericht der schlechten Eigenschaften dieses Menschen zusammenzukochen. Die meisten Menschen sind eine Mischung aus guten und schlechten Qualitäten – es ist sehr schwer, jemanden zu finden, der in jeder Hinsicht schlecht ist.

15. September

Es ist nicht gerechtfertigt zu meinen, dass Nächstenliebe, Mitgefühl und Vergebung ausschließlich religiöse Angelegenheiten sind. Es zeugt von einem eingeschränkten Verständnis, wenn man glaubt, dass diese moralischen Fragen nur im Rahmen des religiösen Glaubens behandelt werden können.

16. September

Geistige Vorbereitung, also keine äußerliche, sondern eine innerliche Vorbereitung, ist gleich von Anfang an sehr wichtig und nützlich. Ganz gleich, ob ich mit Tibetern spreche oder mit anderen Freunden – gewöhnlich sage ich, meine Strategie ist: auf das Beste hoffen und sich auf das Schlimmste vorbereiten.

17. September

Für jemanden, der ein Volk führt, ist es wichtig, zu den einfachen Menschen Verbindung zu halten. Ich selbst habe frühzeitig gelernt, dass jeder, der leiten, lenken und führen will, engen Kontakt zu ihnen suchen muss.

18. September

Liebe, Mitgefühl und die Fähigkeit zur Vergebung sind, so denke ich, Teil der menschlichen Natur. Der Glaube entwickelt sich später. Der Glaube kann zu einem glücklichen Leben beitragen. Aber ohne Fürsorge, moralische Verpflichtung und Verantwortungsbewusstsein kann man weder glücklich noch erfolgreich im Leben werden.

19. September

Wenn man für jede Information im Gedächtnis eine Gehirnzelle benötigte, ähnlich wie ein Computerspeicher, dann müsste der Kopf eigentlich immer größer werden, je mehr man dazulernt! Mitgefühl, Weisheit und andere Eigenschaften basieren auf dem Geist, und der Geist ist stabil und dauerhaft – das sind die Hauptgründe, warum man diese Eigenschaften in einem unbegrenzten Grade entwickeln kann.

20. September

Von der Atmosphäre, in der Kinder aufwachsen, hängt zu einem großen Teil ab, ob ihr Leben erfolgreich sein wird oder nicht. In einer Familie, in der Liebe und Herzlichkeit herrschen, werden sich die Kinder später zu glücklicheren und erfolgreicheren Menschen entwickeln. Fehlende Liebe kann das ganze Leben verderben und zerstören. Menschliche Zuneigung hat demnach die stärkste Wirkung auf die Entwicklung der Kinder.

21. September

Bei westlichen Menschen arbeitet der Geist hart und viel, aber ständig in Hinblick auf Effizienz und Nützlichkeit. Damit stellt er sich selbst in den Dienst des angestrebten Resultats. Wie alle Dienstboten gibt er die eigene Unabhängigkeit auf. Ich dagegen spreche von einer anderen Form geistig-spirituellen Lebens, das losgelöster und frei von dem Zwang ist, ein bestimmtes vorgegebenes Ziel erreichen zu müssen, daher auch tiefer. In gewisser Weise drängt die fortschreitende Invasion der Technologie geistiges Leben immer stärker zurück und schränkt es ein.

22. September

Wenn man sich vor anderen Menschen immer nett und charmant gibt, hinter ihrem Rücken jedoch über sie herzieht und sie in ein schlechtes Licht stellt, sollte man sich nicht wundern, wenn einen niemand mag.

23. September

Es gibt keinen Weg, dem Tod zu entkommen oder vor ihm zu flüchten – das wäre so, als ob man von vier Bergen umgeben wäre, die den Himmel berühren, und die man überwinden wollte, um der Umkesselung zu entfliehen. Vor diesen vier Bergen Geburt, Alter, Krankheit und Tod gibt es kein Entrinnen. Das Älterwerden verdrängt die Jugend, Krankheit beeinträchtigt die Gesundheit, der Verfall des Lebens hebt alle guten, dem Menschen mitgegebenen Eigenschaften auf, und der Tod beendet das Leben. Mit welchen Qualitäten wir auch ausgestattet sein mögen, vor dem Tod können wir nicht weglaufen. Wir können weder durch Reichtum oder Zauberei noch durch das Wiederholen von Mantras und Gebeten oder Medizin den Tod aufhalten. Deshalb sind wir gut beraten, uns auf den Tod vorzubereiten.

24. September

Im Buddhismus gibt es eine feministische Bewegung, die in der Tradition der Göttin Tara steht. In Hinblick auf *bodhicitta* – Erleuchtung, um anderen zu helfen, dem Ziel eines *bodhisattva,* musterte sie jene, die die vollständige Erleuchtung suchten, und bemängelte, dass es zu wenige Frauen gäbe, die *Buddhschaft* erlangten. Deshalb gelobte sie: „Als Frau habe ich *bodhicitta* erlangt. Ich schwöre, in allen Lebenszyklen meines Weges als Frau wiedergeboren zu werden – und in meinem letzten Lebenslauf, wenn ich Buddhaschaft erlange, werde ich ebenfalls als Frau geboren werden."

25. September

Alles, was der Erfahrung und der Logik widerspricht, sollte aufgegeben werden.

26. September

Die Metapher des Lichts ist ein allgemein verbreitetes Bild in allen größeren Religionstraditionen. Im Buddhismus wird das Licht besonders im Zusammenhang mit Weisheit und Wissen gesehen; Dunkelheit wird als Ausdruck von Unkenntnis und falschem Wissen aufgefasst. Dies entspricht den zwei Aspekten des buddhistischen Erkenntnisweges: es gibt einerseits den methodischen, praktischen Aspekt, der Mitgefühl und Toleranz einschließt, und andererseits das Wissen, die Weisheit und die Erkenntnis, die das Wesen der Wirklichkeit zu durchdringen suchen. Es sind die Weisheit und das Wissen, die gleichsam das Gegenmittel zu der sich verbreitenden Unkenntnis und Ignoranz bilden.

27. September

Wir betrachten eine Person als Autorität nicht wegen ihres Ruhms, ihrer Macht, ihres Aussehens und Reichtums, sondern aufgrund dessen, was sie in ihren Fachgebieten überzeugend und zuverlässig zu sagen hat. Mit anderen Worten: Wir halten eine Person in einem bestimmten Gebiet nicht nur deshalb für eine Autorität, weil wir sie als Person respektieren oder bewundern. In gleicher Weise akzeptieren wir den Buddha als Autorität und verlässlichen Lehrer, indem wir seine Hauptlehren, die *Vier Edlen Wahrheiten*, für uns untersuchen und prüfen.

28. September

Ich spreche zu Ihnen und Sie hören mir und meinen Worten zu. Im Allgemeinen gehen wir davon aus, dass es einen Sprecher und eine Zuhörerschaft gibt und Worte, die zur selben Zeit gesprochen werden. Aber in Wahrheit kann ich diese Worte nicht finden, und auch Sie werden sie nicht ausmachen können – sie sind wie leere Räume, was aber wiederum nicht heißt, dass sie nicht existierten. Sie müssen existieren, weil wir sie spüren können. Was ich sage, wird von Ihnen gehört, und Sie wiederum denken über das Gesagte bzw. Gehörte nach. Meine Rede ruft eine bestimmte Wirkung hervor – nur, wenn wir sie bewusst aufsuchen und festhalten wollen, wird uns dies nicht gelingen. Dieses Geheimnis zeugt von dem zwiefachen Wesen der Wahrheit.

29. September

Ich meine, dass Vorträge, die sich auf religiöse Texte beziehen, sehr gut zeigen, dass Religion uns viel zu sagen hat, gleich in welcher Situation wir uns befinden mögen. Heute kann ich solche Vorträge besser halten als früher. Damals mangelte es mir an Selbstvertrauen, obwohl ich jedes Mal, wenn ich in der Öffentlichkeit sprach, besser wurde. Ebenso erkannte ich wie jeder Lehrer, dass es nicht Besseres gibt als zu lehren, auf welche Weise man am besten lernt.

30. September

Die Beziehungen zu Feinden, Freunden und neutralen Personen sind darin gleich, dass sie nicht gewiss und dauerhaft sind: Zum Beispiel bleibt niemand für immer ein Feind; manchmal wird der Feind zum Freund und umgekehrt.

OKTOBER

1. Oktober

Die Menschen und ihre Gesellschaft bilden eine einander bedingende und formende Einheit; vor diesem Hintergrund lassen sich die Verhaltensweisen und die Moral ein und desselben Menschen als Privatperson einerseits und als Teil seiner Gesellschaft andererseits nicht voneinander trennen. In der Vergangenheit ist viel unternommen worden, um die Schwächen und inneren Verwerfungen unserer Gesellschaft zu mindern, damit eine Gesellschaft entstehe, die gerechter ist und die Gleichberechtigung der Menschen fördert. Institutionen und Organisationen sind aufgebaut und eingerichtet worden, die mit ihren ehrenhaften, philanthropischen Grundsätzen die gesellschaftlichen Unzulänglichkeiten bekämpfen sollen. So sehr diese Absichten und Zielsetzungen auch zu loben sein mögen, ist es doch ein Unglück, dass für alle Menschen gleichermaßen gute Grundsätze und Gesetze von dem Menschen innewohnenden Eigeninteressen unterlaufen und unwirksam gemacht werden.

2. Oktober

Ein Bereich des tibetischen Buddhismus, der für Wissenschaftler von Interesse sein könnte, betrifft die Beziehung zwischen den physikalischen Teilchen und den Nerven, insbesondere die zwischen den Gehirnzellen und dem Bewusstsein. Dabei geht es um die Veränderungen der Bewusstseinszustände, seien sie glücklich oder unglücklich, traurig oder freudig – und ihre Auswirkungen auf die Gehirnzellen und im weiteren auf den gesamten Körper. Bestimmte körperliche Gebrechen und Krankheiten verbessern oder verschlimmern sich zu einem gewissen Grad, je nachdem wie sich unser Bewusstseinszustand bildet und ändert.

3. Oktober

Alle Flüsse und Wasserläufe der verschiedenen Länder, Kontinente und Klimazonen münden schließlich in die Weltmeere. In ähnlicher Weise nützen die vielfältigen gesellschaftlichen und wirtschaftlichen Theorien und die unterschiedlichen Arten, wie sie verwirklicht werden, der gesamten Menschheit. Es führt zu nichts, sich in Diskussionen und Streitereien über grundverschiedene Ideologien zu ergehen. Alle Versuche, die Menschen mit ihren vielfältigen Persönlichkeiten und Einstellungen auf eine einzige, für alle geltende Ideologie verpflichten oder sie gar dazu zwingen zu wollen, sind bislang gescheitert. Das lässt sich ganz klar an der jüngsten Geschichte im Westen wie im Osten ablesen.

4. Oktober

Man sollte sich wirklich bemühen zu begreifen, dass alle Gegebenheiten und Lebensumstände, so unangenehm und widrig sie sein mögen, vergänglich sind. Wie die gekräuselten Ringe auf der Wasseroberfläche kommen und gehen sie bald. So wie unser Leben durch *karma,* das Gesetz von Ursache und Wirkung, bestimmt ist, so ist es durch endlose Zyklen von Problemen geprägt. Ein Problem tritt auf und verschwindet oder wird gelöst, und ein anderes Problem entsteht.

5. Oktober

Der Buddha rät: „Oh ihr Mönche und weise Männer, so wie der Goldschmied sein Gold durch Schmelzen, Schneiden und Reiben testet, so müsst ihr meine Worte prüfen und sie dann akzeptieren, aber nicht aus bloßer Hochachtung und Ehrerbietung vor mir."

6. Oktober

Kluge Eltern schelten vielleicht manchmal ihre Kinder oder strafen sie sogar, ohne dass irgendein Ärger ihnen dafür einen Anlass gegeben hätte. Das mag bisweilen durchgehen, aber wenn man wirklich aus tiefem Zorn heraus ein Kind schlägt und zu sehr züchtigt, wird man dies später sehr bedauern und Reue darüber empfinden. Mit der richtigen Einstellung jedoch, die auf das Wohl des Kindes zielt, ist es möglich, eine der Situation und den Bedürfnissen des Kindes angemessene Handlungsweise zu zeigen.

7. Oktober

Die Unwissenheit, Überheblichkeit und Sturheit gewisser Menschen, gleich ob ihre Beweggründe gut oder schlecht waren, haben bisher alle Tragödien der Menschheitsgeschichte ausgelöst. Die bloße Nennung der Namen dieser rücksichtslosen Tyrannen rufen Furcht und Schrecken hervor. Wie sehr Menschen uns mögen, lieben oder uns nahe stehen, hängt davon ab, wie sehr oder wie wir dem Wohl anderer Beachtung schenken.

8. Oktober

Das Leben im Exil war mir eine große Hilfe. Wenn wir an irgendeinem Punkt in unserem Leben von einem wirklichen Schicksalsschlag getroffen werden – was jedem von uns widerfahren kann –, können wir auf zweierlei Arten darauf reagieren. Wir können – was ganz selbstverständlich erscheinen mag – hoffnungslos werden, uns entmutigen lassen, in Alkoholismus oder Drogenabhängigkeit abgleiten und Depressionen zum Opfer fallen. Oder aber wir können uns gleichsam erwecken, aufrütteln lassen und in uns eine Energie entdecken und freisetzen, die tief in uns verborgen lag, und dann mit mehr Klarheit und Kraft handeln.

9. Oktober

Die Leerheit, *shuntaya,* ist unter den vier buddhistischen Grundideen (die anderen drei sind die Vergänglichkeit, die gegenseitige Abhängigkeit und das Leiden) gewiss die mysteriöseste und am schwierigsten zu begreifende Idee. Worin besteht der Sinn in den immensen Ansammlungen von Erfahrungen, Erlebnissen und Gedanken, wenn all das in ein Nichtvorhandensein von Substanz bzw. Materie mündet? Was ist die Grundlage dieses Erfahrungsgebäudes und des Geistes, der dies alles entwickelt hat? Wenn die Leerheit die einzige Wirklichkeit ist, die keine Illusion und kein Trugbild ist, wer mag dann noch dem Netz von Illusion und Verblendung entrinnen? Wer hat dieses Netz geknüpft und geworfen? Kann man in einer völligen Leerheit leben? Können wir uns einen Traum ohne einen Träumer vorstellen? Die Leerheit ist ein wissenschaftlicher Begriff. Wir sind leer, und die Materie, aus der wir bestehen, ist sozusagen leer.

10. Oktober

Ein weiterer wichtiger Punkt, der in meiner Vision der Zukunft eine wichtige Rolle spielt, ist die Entmilitarisierung. Vielen Menschen kommt dieses Vorhaben zu idealistisch vor. Mir ist vollkommen bewusst, dass sie nur schrittweise stattfinden kann, wobei Politik im Allgemeinen und Erziehung im Besonderen neu überdacht werden müssen. Der erste Schritt zu diesem Ziel ist ein internationales Verbot des Waffenhandels und eine Erweiterung entmilitarisierter Zonen in allen Teilen der Welt. Der Fortschritt, der in der letzten Zeit bei der Abrüstung nuklearer Waffen zu beobachten war, und das Verbot atomarer Tests sind ermutigende Zeichen.

11. Oktober

Ein kleines Kind wächst zu einem jungen Menschen heran; dies geschieht nicht über Nacht, sondern braucht Zeit. In ähnlicher Weise verhält es sich, wenn man seine geistigen Gewohnheiten ändern möchte. Heutzutage werden bestimmte wachstumfördernde Mittel gespritzt, um Kühe, Schweine und Geflügel schneller heranwachsen zu lassen – nur um sie dann zu schlachten und zu konsumieren. Dieser Umgang mit der Natur hat einen negativen Einfluss auf den Menschen. Wenn wir uns also mit geistiger Tätigkeit, Veränderung und Wandlung befassen, dann können wir nicht einfach bestimmte Eigenschaften und Qualitäten injizieren und erwarten, dass sich der Geist plötzlich und schnell verändert.

12. Oktober

Wenn man noch am Anfang eines Lebens nach buddhistischen Grundsätzen steht, kann man anderen nur begrenzt helfen und dienen, denn das Hauptgewicht liegt in dieser Phase noch darauf, sich selbst zu heilen, seinen Geist und sein Herz zu ändern und zu reinigen. Wenn man aber weiter übt, wird man innerlich stärker und ist zunehmend in der Lage, anderen zu dienen. Bis es jedoch soweit ist, kann es durchaus sein, dass wir von den Problemen und Leiden unserer Mitmenschen überwältigt sind, so sehr, dass wir uns erschöpft und unfähig fühlen, anderen zu helfen, von uns selbst gar nicht zu reden. Dabei die eigenen Grenzen zu spüren und diese akzeptieren zu müssen, ist ganz natürlich.

13. Oktober

Wenn die eigenen Absichten aufrichtig und ehrlich sind, hat man nichts zu verbergen und wird im Gegenzug mit offenen Armen und mit aufrichtigem Herzen aufgenommen. Dies ist die klare und angemessene Art der zwischenmenschlichen Kommunikation und kein bloßes Lippenbekenntnis.

14. Oktober

Wenn man jemanden bemitleidet, kann es leicht dazu kommen, dass man auf sein Leben und sein Schicksal herunterblickt. Das wollen wir auf keinen Fall. Die liebende Hinwendung in buddhistsicher Sicht besagt, dass man den anderen wirklich ernst nimmt.

15. Oktober

Unsere Einstellung zu anderen Menschen sollte immer positiv sein. Ihr Wohl sollte uns am Herzen liegen, und wir sollten nicht mitleidig mit ihnen umgehen. Vor allem sollten wir sie mit Respekt behandeln, denn sie sind kostbar. Wir sollten sie als geheiligt und über uns stehend betrachten.

16. Oktober

Ich erinnere mich, einmal habe ich immer wieder vergeblich versucht, eine Uhr zu reparieren, sonst eine meiner Lieblingsbeschäftigungen. Als es mir nicht gelang, habe ich auf die Uhr eingeschlagen und dabei alles kaputt gemacht.

17. Oktober

Das Wichtigste im Leben sind Zuneigung und Liebe; ohne sie können wir kein echtes Glück erreichen. Und wenn wir ein glücklicheres Leben, eine glücklichere Familie, glücklichere Nachbarn und Völker wollen, dann ist der Schlüssel dazu diese innere Eigenschaft. Selbst wenn alle Menschen, die die Erde bevölkern, Millionäre würden, gäbe es ohne innere geistig-seelische Entwicklung keinen dauerhaften Frieden und kein anhaltendes Glück.

18. Oktober

Wenn Sie nicht damit aufhören können, sich Sorgen zu machen über etwas, das in der Vergangenheit passiert ist oder über etwas, das in der Zukunft geschehen könnte, verlagern Sie den Brennpunkt Ihrer Aufmerksamkeit auf Ihre Ein- und Ausatmung.

19. Oktober

Nur ein echtes spontanes Einfühlen in andere kann uns wirklich dazu bringen, für das Wohl und im Namen anderer zu handeln. Echtes Mitgefühl entsteht jedoch nicht automatisch. Solch ein Mitgefühl kann nur allmählich wachsen, es muss sich in jedem einzelnen Menschen heranbilden auf der Grundlage seiner Überzeugungen. Die Entfaltung einer solcher Haltung gegenüber den Mitmenschen ist eine persönliche Angelegenheit. Wie jeder von uns sich letztlich im alltäglichen Leben verhält, ist eine Art Lackmus-Test unseres Mitgefühls.

20. Oktober

Meiner Meinung nach gibt es einen Unterschied zwischen den inneren seelischen Konflikten einerseits und den Gefühlen andererseits, die sich aus diesen Konflikten ergeben: Zorn, Wut, Feindseligkeit, Eifersucht und so fort. Wenn man nicht gelernt hat, seine Konflikte auszudrücken, werden sie, wenn sie zu einem späteren Zeitpunkt wieder hochkommen und durchbrechen, automatisch von Gefühlen der Feindseligkeit und des Zorns begleitet sein. Deshalb ist es wichtig, dass man sein *Leiden* ausdrücken kann – nicht aber den Zorn, die Wut, die Aggression.

21. Oktober

Wir müssen in Bereichen, in denen wir uns nicht sehr gut auskennen, äußerst wachsam sein und vorsichtig vorgehen. In diesem Zusammenhang kann Wissenschaft eine gewisse Hilfe sein. Dinge und Geschehnisse betrachten wir nur dann als mysteriös und sogar unheimlich, wenn wir sie nicht begreifen. Die Ergebnisse, die wir durch unsere Untersuchungen gewinnen, werden bestimmt durch Aufbau und Anlage der Experimente, die wir durchführen, um überhaupt zu Erkenntnissen über einen Gegenstand zu gelangen. Das heißt jedoch nicht, dass, falls wir keine Ergebnisse durch unsere Experimente erhalten, der Gegenstand, über den wir forschen, nicht existiert. Es bedeutet vielmehr lediglich, dass unser Experiment nicht in der Lage war, Erkenntnisse über diesen Gegenstand zutage zu fördern. Dabei müssen wir uns immer wieder vor Augen halten, dass die Natur selbst uns Grenzen in unseren Erkenntnismöglichkeiten setzt.

22. Oktober

Jeder vernünftig denkende Mensch wird Gerechtigkeit und Redlichkeit als wichtige Tugenden hochhalten. Wir besitzen eine uns angeborene Wertschätzung und Achtung vor diesen Charaktereigenschaften. In Kindern erkennen wir die natürlichen Tugenden des Menschen. Während sie heranwachsen, werden sie jedoch durch eine Vielzahl von Einflüssen geprägt und entwickeln weniger gute Einstellungen. Oft habe ich den Eindruck, dass in einem kleinen Kind mehr unverstellte Wahrheit steckt als in uns Erwachsenen – und so habe ich genügend Vertrauen in die positive Natur des Menschen.

23. Oktober

Was in unseren zyklischen Wiedergeburten immer wieder neu mit geboren wird, sind unsere Gewohnheiten. Erleuchtung kennzeichnet das Ende dieser Wiedergeburten – und das bedeutet: eine völlige Loslösung von allen Gedanken, Emotionen, Wahrnehmungen, körperlichen Gefühlen und inneren Vorstellungen.

24. Oktober

Man kann von drei Arten oder Formen von Glauben sprechen: die erste ist die Hochschätzung, die man für eine bestimmte Person hat oder die Sehnsucht nach einer bestimmten Lebensform. Die zweite ist unser Streben bzw. unser tiefer Wunsch, etwas Bestimmtes erreichen zu wollen. Die dritte ist unsere unerschütterliche Überzeugung und Zuversicht.

25. Oktober

Wenn man sich spirituell entwickeln will, muss man bereit sein, die unweigerlich damit verbundenen Härten auszuhalten und in seinem Willen und seinen Bemühungen nicht nachzulassen. Man muss die vielfältigen Hindernisse auf dem Weg des Übens gleichsam in Gedanken vorwegnehmen, sich auf sie einstellen und begreifen, dass der Schlüssel für den Erfolg darin besteht, niemals die feste Entschlossenheit aufzugeben. Diese entschlossene Herangehensweise ist sehr wichtig. Die Lebensgeschichte des Buddha ist die Geschichte eines Menschen, der volle Erleuchtung erlangte durch harte Arbeit und nie nachlassenden Eifer für sein Ziel.

26. Oktober

Wenn man Menschen verbietet und sie davon abhält, nach dem Glück zu streben, das sie sich von ihrer Natur her wünschen, werden sie unzufrieden und verursachen anderen Menschen Probleme und Unglück. Das Leben kann nur schwieriger und mühseliger werden, es sei denn, wir schaffen die Grundlage echter Zusammenarbeit und gegenseitiger Hilfe – die aber nicht durch Zwang und Druck herbeigeführt sein darf, sondern durch ein tiefes Verständnis für einander. Wenn wir unsere Mitmenschen von Herzen zufrieden und glücklich machen, werden sich überall Frieden und Mitmenschlichkeit durchsetzen. Ohne dieses gemeinsame Wirken aller Menschen wird der Friede es schwer haben, vor allem auch dann, wenn den Menschen ungerechte soziale und unausgewogene politische Bedingungen aufgezwungen werden.

27. Oktober

Das Stehlen stellt einen schwerwiegenden Eingriff in Besitz und Wohlergehen anderer dar. Es beeinträchtigt ihren Frieden und zerstört ihr Glück. Hässliche Eisenstangen an den Fenstern sollen Häuser vor Einbrüchen schützen. Ist es aber nicht so, dass schon der Anblick dieser Eisengitter uns bedrückt, unser Glück trübt und unseren Frieden belastet?

28. Oktober

Wenn wir uns immer wieder klar machen, welche Funktion die Religion erfüllt, die sich in den verschiedenen Glaubenslehren äußert, fallen wir nicht dem zerstörerischen Irrtum zum Opfer, der in konfessioneller Verunglimpfung oder Parteinahme steckt. Darüber hinaus vermeiden wir den Fehler, jegliche religiöse Lehre und Unterweisung als unsinnig abzutun.

29. Oktober

Wo es Liebe gibt, gibt es die Hoffnung auf wahre Verbundenheit, wahre Brüderlichkeit, Gelassenheit und wahren Frieden. Hat man jedoch die Fähigkeit zur Liebe verloren und sieht man darüber hinaus seine Mitmenschen als seine Feinde an, dann kann sich daraus nur Leid und Verwirrung der Seele ergeben, gleichgültig, über wie viel Bildung, Wissen und materiellen Besitz man verfügt. Die Menschen würden sich dann auch künftig gegenseitig betrügen und übervorteilen. Jeder lebt in seinem eigenen Kreislauf des Leidens, darum ist es nutzlos, andere schlecht zu behandeln. Die Grundlage allen spirituellen Lebens ist die Liebe. Dass man diesem Grundsatz folge, ist meine einzige Bitte.

30. Oktober

Zieht sich der Tag lang hin und will nicht enden, so lassen Müßiggang und Klatsch ihn kürzer scheinen. Dies ist aber eine der schlechtesten Arten, auf die wir unsere Zeit verbringen können. Wenn ein Schneider nur die Nadel in seiner Hand hält und dabei mit einem Kunden plaudert, wird er seine Näharbeit nicht zum Ende bringen; außerdem könnte er sich versehentlich mit der Nadel stechen. Um es kurz zu fassen: Bedeutungsloses Geschwätz hält uns von jeglicher Art von Arbeit ab.

31. Oktober

Wir meiden den Weg weltlicher, vordergründiger Macht, denn die Heilkraft des Geistes folgt auf natürliche Weise dem Weg des Geistes; der Geist besteht nicht fort in den Steinen schöner Gebäude, in dem Blattgold von Abbildern, in der Seide prächtiger Kleider oder auf dem Papier heiliger Schriften, sondern in dem durch keine Worte zu beschreibenden Geist des Menschen und seinem Herz. Wir haben die Freiheit, den von den großen Lehrern niedergelegten Grundsätzen zu folgen – und so unsere menschlichen Instinkte zu sublimieren und unsere Gedanken zu reinigen. Durch seine praktische Lebensführung erfüllt der Mensch das Ziel aller Religionen, ungeachtet der Konfession, der er jeweils angehören mag.

NOVEMBER

1. November

Unabhängig von ethnischer Zugehörigkeit, Glaube, Weltanschauung, politischer Zugehörigkeit oder wirtschaftlicher Region ist das Wichtigste und Grundlegende für alle Menschen ihre Menschlichkeit – die Tatsache nämlich, dass jede Person, ob alt, jung, reich, arm, gebildet oder ungebildet, Mann oder Frau, ein menschliches Wesen ist. Dieses Menschsein und das damit verbundene Streben nach Glück sowie der Wunsch, Leiden zu vermeiden oder zu mildern wie auch das für alle gleichermaßen gültige Recht, dieses Ziel erreichen zu können, ist von höchster Wichtigkeit und Bedeutung.

2. November

Unterdrückung hat niemals und nirgendwo mit Erfolg den immer währenden Wunsch des Menschen auslöschen können, frei und unabhängig zu leben – frei, seine eigenen Gedanken denken zu können; frei, zu handeln, wie er es für sich und sein Wohlergehen am besten erachtet, und als Mensch – nicht als Roboter oder Sklave – zu leben. Selbst wenn China nur Zerstörung und verbrannte Erde in unserem heiligen Land hinterließe, wird sich Tibet aus dieser Asche als ein freies Land erheben, wie lange dieser Prozess auch immer dauern mag. Kein imperialistischer Staat hat jemals auf lange Sicht andere Menschen erfolgreich in kolonialer Unterdrückung halten können.

3. November

Es ist so gut wie unmöglich, dass wir anderen Menschen wirklich das Leiden abnehmen, es gleichsam von ihnen übernehmen und ihnen im Gegenzug unser Glück dafür geben könnten. Wenn ein „Austausch" oder eine „Übertragung" dieser Art zwischen Menschen dennoch stattfindet, dann ist sie das Ergebnis einer sehr starken und ungebrochenen *karmischen* Verbindung in der Vergangenheit.

4. November

Die Einhaltung der moralischen Grundsätze, nämlich unseren Körper und Geist und unsere Rede davor zu bewahren, auf schädliche und nachteilige Weise zu agieren, verleiht uns ein Gewissen und die nötige Bedachtsamkeit. Aus diesem Grund ist Moral das Fundament des buddhistischen Weges.

5. November

Unser Ziel sollte nicht durch die acht weltlichen Prinzipien verwässert oder gar zerstört werden, als da sind: Gewinn oder Verlust, Freude oder Schmerz, Lob oder Tadel, Ruhm oder Verachtung.

6. November

Nichts ist wichtiger, als auf seinen Geist und seine Seele Acht zu geben. Wir sollten immer ein Auge auf die ungestümen Ausbrüche unseres Geistes halten und ihn, wenn nötig, mit Ausgewogenheit zügeln. So können wir uns davor schützen, von zu vielen unterschiedlichen und verwirrenden Einflüssen bestimmt und fehlgeleitet zu werden. Aber auch wenn wir äußerst zurückgezogen lebten, würde der Geist mit seinen Gedanken ziellos überall umherwandern, wenn man ihn nicht kontrollierte. Und selbst wenn wir völlig der Welt abschwörten und in Einsamkeit lebten, würden wir immer noch mit sehr vielen negativen und uns bedrängenden Gefühlen zu kämpfen haben.

7. November

Schon immer haben wir uns durch endloses Leiden plagen müssen, ohne dass wir deshalb einen größeren Nutzen haben daraus ziehen können. Jetzt, da wir uns selber das Versprechen gegeben haben, gutherzig zu sein, sollten wir nicht sofort verärgert reagieren, wenn uns jemand beleidigt oder uns zu nahe tritt. Geduld zu üben ist sicher nicht leicht, denn es bedarf einer beträchtlichen geistigen Konzentration und eines starken Durchhaltevermögens. Das Ergebnis unserer Entschlossenheit wird jedoch großartig sein und das sollte uns glücklich machen!

8. November

Aggression gehört untrennbar zu uns; deshalb müssen wir uns oft mit uns selbst auseinander setzen. Menschen, die in einer völlig gewaltlosen Umgebung groß geworden sind, haben sich zu den schlimmsten Menschenschlächtern entwickelt. Dies zeigt, dass diese aggressive Triebkraft stets in uns wirksam ist. In unserem wahren Wesen sind wir jedoch ruhig und ausgeglichen. Wir alle wissen, dass der menschliche Geist leicht erregbar und plötzlichen, heftigen Gefühlen der Furcht und Bedrängnis ausgesetzt ist. Aber diese negative Erregung ist nicht die beherrschende Macht – man kann mit ihr umgehen und sie im Zaum halten.

9. November

Kann der Geist den Geist, d.h. sich selbst sehen? Diese Frage müssen wir mit „ja" und „nein" beantworten. Nein, weil der Geist nicht zugleich Subjekt (Handelnder) und Objekt (Gegenstand, auf den sich das Handeln bezieht) sein kann. Der Geist mischt sich, ob gewollt oder nicht, ob wissentlich oder nicht, in alles mit ein, was er wahrnimmt und beobachtet. Dies gilt umso mehr, wenn der Geist sich mit sich selbst beschäftigt und so zum Gegenstand seines eigenen Denkens wird; der Geist kann sich zwar selbst betrachten, aber weder völlig losgelöst noch vollständig. Andererseits ist jedoch das entscheidende Instrument und Mittel, um den Geist reinigen und klären zu können, der Geist selbst. Der Geist ist sein eigener Schöpfer zu jeder Zeit: daher gibt es eine Verantwortlichkeit des Geistes, die wesentlich und unabdingbar für das Menschsein ist.

10. November

Es gibt die Sehnsucht nach ewigem Leben, weil wir uns selbst lieben, und in Momenten, wenn unser Leben glücklich ist. Ist es jedoch traurig und erbärmlich, wäre uns lieber, wenn es kürzer wäre.

11. November

Meiner Meinung nach müssen alle Menschen ein stärkeres Bewusstsein für die Notwendigkeit einer weltumspannenden Verantwortung entwickeln, wenn wir die Herausforderungen des neuen Jahrhunderts meistern wollen. Jeder von uns muss lernen, nicht nur für sich, seine Familie oder seinen Staat, sondern für das Wohl der gesamten Menschheit zu arbeiten und zu sorgen. Es ist heutzutage überholt, in Begriffen von „Mein Volk" oder „Mein Land" zu denken. Verantwortung für die ganze Welt ist der Schlüssel für das Überleben der Menschen auf diesem Planeten. Große, weitreichende Entwicklungen beginnen meist mit einzelnen, kleinen Initiativen, so dass es also die Arbeit eines jeden Einzelnen ist, die letztendlich den Ausschlag gibt.

12. November

Die zahllosen Sterne und ihre Konstellationen, wie wir sie heute am Himmel beobachten können, sind das Ergebnis eines langen, allmählichen Prozesses. Bemerkenswert ist, dass, je stärkere und weiter reichende Teleskope wir verwenden, wir umso mehr entdecken – immer zahlreichere Sterne und vielleicht andere Lebensformen. Je mehr wir uns befähigen zu sehen und zu erkunden, umso mehr gibt es zu entdecken.

13. November

Ein Mensch, der viel weiß, aber sein Wissen nicht in praktisches Handeln umsetzt, ist wie ein Hirte, der eine Herde Schafe oder Kühe hütet, sie aber nicht sein eigen nennen kann. Es ist wichtig, das Wesen der Wirklichkeit zu studieren, darüber nachzudenken und zu meditieren, um dieses Wissen dann praktisch einzusetzen, um sich als Mensch spirituell weiterzuentwickeln.

14. November

Wenn ich mit einem mir noch unbekannten Menschen zusammentreffe, dann achte ich weniger darauf, welche Stellung er innehat, ob er reich oder arm ist. Für mich zählen sein Gesichtsausdruck, sein Lächeln, sein Blick. Das sagt mir mehr über einen bestimmten Menschen als alles, was in seinem Pass vermerkt ist.

15. November

Waffen oder militärischer Druck unter bestimmten Umständen und zu gewissen Zeiten können eine halbwegs friedliche Lage herbeiführen. Auf lange Sicht jedoch ist es unmöglich, einen echten und dauerhaften Weltfrieden durch militärische Konfrontation, Hass und Argwohn herzustellen und zu sichern. Weltfriede kann sich nur durch geistige Friedfertigkeit, gegenseitiges Vertrauen und gebührenden Respekt voreinander entwickeln.

16. November

Wenn Kinder aus Afrika, aus Europa oder Asien zusammenkommen, dann können sie sich ohne Schwierigkeiten zusammensetzen und miteinander spielen. Kinder achten nicht auf kulturelle Unterschiede. Sie werden Freunde, wenn sie sich gut verstehen, ohne auf die Rasse oder die Hautfarbe zu achten.

17. November

Im Moment des Sterbens können wir nichts mit uns nehmen als die Samen unserer lebenslangen Arbeit und unser geistiges Wissen.

18. November

Das Glück hat viele Ebenen. Ich stelle mir das Glück als ein harmonisches Zusammenspiel von innerem Frieden im Herzen des einzelnen Menschen und von äußerem Weltfrieden unter den Völkern vor.

19. November

Man sollte alles versuchen, um ein guter, warmherziger Mensch zu werden, ganz gleich, ob man Politiker oder Geschäftsmann ist oder z. B. einem Orden angehört. Das Verhalten und die Taten eines Einzelnen können dazu beitragen, eine glücklichere Familie oder Gemeinschaft zu bilden.

20. November

Wenn wir gemeinsam beten, fühle ich in mir etwas. Ich weiß nicht, ob man es Segen oder Gnade nennen könnte – aber auf jeden Fall lässt sich dabei ein tiefes Gefühl erfahren. Sinnvoll angewandt, kann dieses Gefühl uns dabei helfen, unsere innere Stärke zu entfalten.

21. November

Hilft man Menschen, die sehr leiden, und spürt dabei, dass man selbst erschöpft und kraftlos wird, sollte man sich zum Wohle aller für eine Zeit lang zurückziehen und erholen, denn wichtiger ist, dass man auf lange Sicht eine sinnvolle und nützliche Hilfe leisten kann und nicht nur für einen kurzen, begrenzten Moment.

22. November

Den Menschen, der uns ärgert, sollten wir gelassen betrachten, dabei unseren eigenen Zorn bekämpfen und uns auf unsere Fähigkeit zur Mitmenschlichkeit besinnen. Wird unser Zorn jedoch übermächtig und können wir die Gegenwart des anderen, den wir zutiefst ablehnen, nicht ertragen, ist es vorteilhafter fortzugehen! Man sollte diesem Grundsatz folgen: Es ist grundsätzlich besser, Situationen und Menschen, die in uns Gefühle des Unmuts und Ärgers aufkommen lassen, nicht auszuweichen, solange sich der eigene Zorn in Grenzen hält. Ist eine Begegnung mit diesen Menschen jedoch nicht möglich, so sollten wir alles versuchen, unseren Zorn zu mäßigen und Mitgefühl zu entwickeln.

23. November

Der Geist kann und muss sich ändern. Er vermag sich der Elemente, die ihn verunreinigen und verderben, zu entledigen und zu höchsten Höhen aufzusteigen. Wir alle beginnen unser Leben mit den gleichen Begabungen und Talenten; einige Menschen entwickeln sie weiter, andere jedoch nicht. Nur allzu leicht gewöhnen wir uns an die Trägheit unseres Geistes, und zwar umso mehr, als sich diese Bequemlichkeit hinter einer vordergründigen Geschäftigkeit und Hektik verbirgt: Wir eilen in alle Richtungen, berechnen dies und kalkulieren das, führen unzählige Telefongespräche und hetzen durch den Tag. Aber dieser Aktionismus spielt sich nur auf der Oberfläche ab und hält das Wesentliche, das sich darunter verbirgt, vor uns verschlossen.

24. November

Wir bewegen uns auf diesem Planeten gleichsam wie Touristen. Niemand von uns wird ewig hier leben. Die längste Lebensspanne mag hundert Jahre sein. Deshalb sollten wir, solange wir hier sind, aus unserem Leben etwas Fruchtbares und Nützliches machen. Ob uns nun nur wenige oder aber hundert Jahre Leben zugestanden werden – es wäre wahrhaft bedauerlich und traurig, wenn wir die Zeit damit verbrächten, die Probleme, das Leiden und die Sorgen anderer Menschen, Tiere und der Welt insgesamt zu verschlimmern. Das Wichtigste ist, ein guter Mensch zu sein.

25. November

Wer sich aus purer Habgier etwas kauft, wird bald merken, dass es andere gibt, die noch mehr besitzen. Man kommt auf diesem Weg nie zur Ruhe.

26. November

Leidenschaft und Liebe können sehr starke Gefühle hervorrufen und enge Bindungen schaffen, aber im Grunde genommen handelt es sich bei dieser Anhänglichkeit um eine Abhängigkeit. So lange die andere Person uns schön und gut erscheint, besteht unsere Liebe, sobald jedoch sie oder er einen weniger schönen oder guten Eindruck vermittelt, ändert sich auch unsere Liebe schlagartig. Die von uns einst geliebte Person ist ja immer noch dieselbe, und dennoch sehen wir in ihr plötzlich unseren Gegner, wenn nicht sogar unseren Feind. Statt Liebe empfinden wir Hass und Feindseligkeit. Wäre unsere Liebe echt und wahrhaftig, würden das Erscheinungsbild oder Verhalten der anderen Person keinen Einfluss auf unsere Haltung ihr gegenüber haben. Aufrichtiges Mitgefühl und wahre Liebe nähren sich aus unserer Erkenntnis des Leids im anderen; wir spüren dann, dass wir eine Verantwortung tragen und wollen dem anderen Gutes tun.

27. November

Wenn wir uns jeden Tag aufmerksam und aufrichtig prüfen und unsere Gedanken sowie die Beweggründe unseres Handelns betrachten, kann in uns die Möglichkeit für eine Wandlung zum Positiven entstehen. Obwohl ich nicht uneingeschränkt für mich in Anspruch nehmen kann, in den vergangenen Jahren irgendwelche bemerkenswert Fortschritte gemacht zu haben, sind mein Wunsch und meine Entschiedenheit, mich zu ändern und weiterzuentwickeln, ungebrochen. Vom frühen Morgen bis zum Abend und in allen Situationen des Lebens versuche ich stets, meine Motivation zu überprüfen und dabei ehrlich zu mir selbst zu sein. Ich empfinde dies als eine große Hilfe in meinem eigenen Leben.

28. November

Wir sollten unser Bestes tun und geben, und zwar, indem wir unserem eigenen Gewissen folgen und nicht gesellschaftlichen Vorgaben. „Tu dein Bestmögliches" ist nicht mehr als ein Satz von wenigen Worten, aber er will besagen, dass wir uns in unserem Alltag immer wieder selbst kritisch betrachten sollten, so dass wir keinen Grund haben, Schuld über die uns dennoch unterlaufenen Fehler zu empfinden. Wenn wir diesem Grundsatz folgen, tun wir schon unser Bestes.

29. November

Bevor man sich auf eine bestimmte geistig-religiöse Tradition mit ihren Grundsätzen einlässt und sie zum bestimmenden Teil seines Lebens macht, sollte man diesen Schritt gut bedenken; denn hat man sich einmal zu einer Tradition bekannt, sollte man sich an sie aus Überzeugung und auf Dauer halten und sie nicht vorschnell wieder aufgeben. Man sollte sich nicht verhalten wie ein Mensch, der in verschiedenen Restaurants alles Mögliche probiert, ohne sich jemals zu einer richtigen Mahlzeit niederzulassen. Deshalb sollte man also sorgfältig nachdenken, bevor man eine neue Religion annimmt und ihr danach in jeder Beziehung konsequent und nicht halbherzig folgen – auf diese Weise wird sie einen spirituell weiterführen. Versucht man umgekehrt, auf vielen verschiedenartigen Wegen zu gehen, wird man nirgendwohin gelangen und sein Ziel verfehlen.

30. November

Gerät der Mensch in Not und Verzweiflung, wendet er sich den Göttern zu. Und wenn die Götter verzweifelt sind, erzählen sie Lügen!

DEZEMBER

1. Dezember

Gleichgültig ob wir gläubig sind oder nicht, ob wir an einen Gott oder an das Karma glauben – moralische Grundsätze bilden Richtlinien, die jeder befolgen kann. Wir haben menschliche Eigenschaften wie ein Gewissen, menschliches Mitgefühl und Bescheidenheit dringend nötig. Wegen unserer angeborenen menschlichen Schwächen sind diese Charaktereigenschaften nur durch eine tief gehende persönliche Entwicklung in einem förderlichen sozialen Umfeld möglich. Mit ihrer Hilfe kann dann eine bessere Welt geschaffen werden.

2. Dezember

Die meiste Zeit bin ich recht fröhlich. Ich selbst glaube, dass dies das Ergebnis meiner eigenen Entwicklung und Übung ist. In meinem bisherigen Leben habe ich mein Land verloren und war völlig auf das Wohlwollen anderer angewiesen. Ich habe auch meine Mutter verloren, und die meisten meiner Lehrmeister sind verstorben, obwohl ich mich glücklich schätzen kann, inzwischen auch einige neue gefunden zu haben. Natürlich sind dies alles tragische und tief in das Leben eingreifende Ereignisse, und ich empfinde große Trauer, wenn ich über sie nachdenke. Aber dennoch fühle ich mich von dieser Trauer nicht überwältigt oder niedergeschlagen. Alte Gesichter treten in den Hintergrund und neue, unbekannte erscheinen, aber ich erhalte mir mein Glücklichsein und meinen inneren Seelenfrieden.

3. Dezember

Wenn ein Mensch wirklich aufrichtig daran interessiert ist, geistig und seelisch zu wachsen und sich zu entwickeln, dann kann er sich nicht mit der bloßen Meditation begnügen, gleichwohl sie der Schlüssel ist! Nur ein einfaches Gebet oder ein frommer Wunsch bewirkt nicht viel für das innere spirituelle Wachsen. Der einzige Weg für eine gute Entwicklung ist ständige Hingabe und konstantes Streben. Sicherlich, der Anfang ist nicht einfach. Man trifft auf Hindernisse und kann schnell die anfängliche Begeisterung verlieren. Oder es ist genau umgekehrt: Zu Beginn ist der Eifer recht groß, nimmt jedoch nach wenigen Wochen rasch ab. Wir müssen uns selbst dazu erziehen, in unserem Bemühen nicht nachzulassen, sondern einen langen Atem zu entwickeln.

4. Dezember

Wenn wir über Gewalt nachdenken, müssen wir begreifen, dass es sich um ein Phänomen handelt, dessen Ergebnis und Auswirkung nicht vorherzusehen sind. Selbst wenn das Motiv von Menschen, die Gewalt anwenden, durchaus anerkennenswert und ehrenhaft sein mag, kann man die Konsequenzen, die sich durch diese Gewalt ergeben, nicht absehen. Deshalb ist es immer besser, Situationen aus dem Weg zu gehen, die eigentlich gewaltsame Mittel erzwingen würden, was wiederum nicht heißt, dass man Toleranz und Geduld mit Unterwerfung und Duldung von Ungerechtigkeit verwechseln sollte.

5. Dezember

Ein Mensch, der über ein großes Maß an Geduld und Toleranz verfügt, bringt dadurch ein gewisses Maß von Ausgeglichenheit und Ruhe in sein Leben. Solch ein Mensch ist nicht nur glücklicher und emotional gefestigter, sondern scheint auch körperlicher gesünder zu sein und weniger Krankheiten zu bekommen. Er oder sie verfügt über einen starken Willen, einen gesunden Appetit und kann mit ruhigem Gewissen schlafen.

6. Dezember

Hilft man seinen Mitmenschen mit aufrichtiger Motivation und echtem Interesse, wird man mehr Glück erfahren, mehr Freunde gewinnen und größeren Erfolg erzielen. Missachtet man jedoch die gleichberechtigten Interessen anderer und vernachlässigt man deren Wohlergehen, wird man irgendwann sehr einsam sein.

7. Dezember

Aus der Sicht der höchsten Dimension buddhistischer Praxis, dem *Höchsten Yoga-Tantra,* gibt es keinen wesentlichen Unterschied zwischen den Geschlechtern. Auch in dem letzten Leben des Wiedergeburtenzyklus, in dem man *Buddhaschaft* erlangt, macht es keinen Unterschied, ob man männlich oder weiblich ist. Das Weibliche erfährt in diesem System besondere Berücksichtigung. Zum Beispiel hat es für einen Mann verheerende Auswirkungen, eine Frau gering zu schätzen oder sie womöglich gar zu misshandeln. Einer Frau hingegen drohen nicht derart schlimme Konsequenzen, wenn sie einen Mann gering achtet. Darum beneiden wir Männer die Frauen.

8. Dezember

Es genügt nicht, mitfühlend zu sein. Man muss auch handeln. Handeln hat zwei Seiten: zum einen muss man die Verwirrungen und Verletzungen von Geist und Seele überwinden, was bedeutet, den tief sitzenden Zorn zu besänftigen. Das ist Handeln aus dem Geist des Mitgefühls. Die andere Seite betrifft mehr das Soziale und Öffentliche. Wenn man nämlich erkannt hat, dass etwas in der Welt getan werden muss, um Dinge wieder ins rechte Lot zu bringen, und wenn man wirklich darum besorgt ist, dass es anderen Menschen besser geht, dann muss man sich voll einsetzen und sich aktiv einmischen.

9. Dezember

Im Allgemeinen empfehle ich Menschen, die buddhistischen Glaubensgrundsätzen folgen und nach ihnen leben wollen, nicht jede Handlung ihrer geistigen Lehrer als sakrosankt und über allem stehend aufzufassen. Ein spiritueller Mentor muss über besondere Qualitäten verfügen. Dennoch kann man nicht einfach sagen: „Diese oder jene Tat ist gut, weil sie von einem Guru stammt." So kann man nicht vorgehen. Man muss das Ungute als das anerkennen, was es wirklich ist, und, weil es eben schlecht ist, auch kritisieren.

10. Dezember

Wenn man starkes Mitgefühl empfindet, dann bedeutet dies, dass man schon eine vertraute Verbindung zu einem anderen Menschen hat. In unseren buddhistischen Schriften steht geschrieben, dass wir unsere Menschenliebe in gleicher Weise kultivieren sollen, wie eine Mutter ihre Liebe zu ihrem einzigen Kind pflegt: als tiefe, innige Verbundenheit. Der buddhistische Begriff „Anhaftung" bedeutet etwas anderes als die Menschen in der westlichen Welt vermuten. Wir Buddhisten sagen nämlich gerade, dass die Liebe einer Mutter zu ihrem Kind frei von Anhaftung ist.

11. Dezember

Menschen sollten Mitglied ihrer Gesellschaft bleiben und dort ihre Aufgaben erfüllen. Während sie so ihren Beitrag zur Gesellschaft leisten, sollen sie aber auch ihre Handlungen immer wieder analysieren und überprüfen. Im alltäglichen Leben sollte man zu seiner Arbeit gehen, arbeiten und danach heimkehren. Es lohnt sich, ab und zu auf eine abendliche Vergnügung zu verzichten, nicht zu spät seine Nachtruhe zu beginnen und früh am nächsten Morgen eine analytische Meditation durchzuführen.

12. Dezember

Die anerkannten guten Absichten der verschiedenen Religionen reichen nicht aus; wir müssen sie im täglichen Leben in der Gesellschaft umsetzen. Erst dann können wir den wirklichen Wert ihrer Lehren verstehen. Falls beispielsweise ein Buddhist in einem Tempel meditiert, aber außerhalb des Tempels die kontemplativen Ideale dann nicht lebt, ist das nicht gut. Wir müssen sie im täglichen Leben üben.

13. Dezember

Von einem bestimmten Standpunkt aus kann man sagen, dass wir besondere, menschliche Körper haben und nach der Lehre des Buddha leben und aus diesen Gründen den Insekten überlegen sind. Unter einem anderen Blickwinkel lässt sich aber auch festhalten, dass Insekten unschuldig und frei von Arglist sind, während wir Menschen nur allzu oft lügen, uns anderen gegenüber verstellen und unsere Mitmenschen in die Irre führen, um auf diese Weise unsere egoistischen Ziele zu erreichen. So gesehen sind wir viel schlimmer als Insekten, die ganz einfach ihrem Leben nachgehen, ohne dabei vorzutäuschen, etwas anderes zu sein als sie durch ihre Natur schon immer gewesen sind.

14. Dezember

Es ist notwendig, Beziehungen zu Menschen einzugehen; und wenn man eine Beziehung herstellt, dann ist es besser, es in einer positiven Weise zu tun.

15. Dezember

Die Erfahrung, die wir im Moment unseres Sterbens machen werden – ob es eine positive oder negative Erfahrung sein wird –, hängt sehr davon ab, wie wir unser Leben geführt haben. Das Wichtigste ist, dass unser tägliches Leben sinnvoll, positiv gestimmt, gut und glücklich ist.

16. Dezember

Allein die Zahl der Menschen auf unserer Erde ist unvorstellbar – es sind mehrere Milliarden. Überlegt man nun, was von größerer Wichtigkeit ist: das Wohl der Mehrheit oder das Wohl der Minderheit, der einen Person, so gibt es keine Frage. Das Wohl der Mehrheit ist weitaus wichtiger als mein eigenes Wohl, das einer einzigen Person.

17. Dezember

Wenn wir bemerken, dass jemand hinter unserem Rücken schlecht von uns spricht und darauf mit verletzten Gefühlen reagieren und uns zum Zorn hinreißen lassen, zerstören wir damit unseren inneren Seelenfrieden. Wir sollten solche Vorkommnisse nehmen wie einen Windhauch, der an uns vorüberstreift; mit anderen Worten: Wir sollten ihnen nicht zuviel Bedeutung beimessen. Ob wir leiden oder nicht, beruht zu einem großen Teil darauf, wie wir auf eine gegebene Situation reagieren – ob wir zu empfindlich sind und Dinge zu ernst nehmen oder nicht.

18. Dezember

In den meisten Fällen führt die Überbetonung des eigenen Ich nur zu Enttäuschungen oder zu Konflikten mit anderen Egos, die sich ihrerseits genauso besonders finden wie ich mich – vor allem dann, wenn die Überhöhung des Ich zu Exzentrizität und überzogenen Ansprüchen führt. Die Illusion, das Ich sei unsterblich, verbirgt eine Gefahr, der wir alle ausgesetzt sind: den Willen zu mehr Besitz und Einflussnahme. Wie wir alle wissen, kann dies im Extremfall sogar zu Mord und Totschlag führen, nur damit die eigenen egoistischen Wünsche befriedigt werden. Die Maßlosigkeit des eigenen Ich bringt Fehlentwicklungen mit sich, die immer im Schlechten enden. Umgekehrt kann ein in sich gefestigtes Ich, das sich seiner selbst sicher ist, etwas sehr Positives sein: Wir sollten ein gesundes Vertrauen in uns selbst besitzen.

19. Dezember

Für mein Verständnis sollten Zuneigung oder Liebe keinem Zweck dienen; man zeigt oder gibt Zuneigung nicht mit einer dahinter stehenden Absicht, im Gegenzug etwas dafür zurückzuerhalten. In diesem Sinn geht es bei Liebe und Zuneigung auch nicht um ein Gefühl, und in ähnlicher Weise können wir sagen, dass wahres Mitgefühl ohne jede Anhaftung ist. Dies steht völlig im Gegensatz zu unserem gewohnten Denken. Es ist nicht dieses besondere Geschehen oder jenes schreckliche Unglück, das uns rührt; wir wählen nicht, ob wir diesem oder jenem Menschen unser Mitgefühl gewähren. Unser Mitgefühl ist vielmehr unabhängig, spontan und frei von jeder Berechnung, etwas als Dank dafür zu erhalten, und es ist allumfassend.

20. Dezember

Sollte ich im Exil sterben und sollte das tibetische Volk wünschen, die Institution des Dalai Lama weiterhin aufrechtzuerhalten, wird meine Reinkarnation nicht unter chinesischer Herrschaft stattfinden.

21. Dezember

Bei einer Liebe, die nur eine Art Anhaftung ist, veranlasst uns die kleinste Veränderung beim Objekt unserer Liebe, wie zum Beispiel ein Wandel in der Einstellung zu verschiedenen Lebensfragen, uns ebenfalls zu ändern. Dies liegt daran, dass unsere Emotionen an sehr oberflächliche Dinge gebunden sind. In mancher neu geschlossenen Ehe werden schon wenige Wochen, Monate oder Jahre später die Partner zu Feinden und lassen sich scheiden. Sie haben ursprünglich aus großer Liebe geheiratet – niemand heiratet aus Hass –, aber nach kurzer Zeit hat sich alles geändert. Warum?

22. Dezember

Einige Psychologen vertreten die Ansicht, wir sollten unseren Ärger und Zorn nicht unterdrücken, sondern ausdrücken und ihm freien Lauf lassen – als ob wir ihn sozusagen „üben" sollten! Wir müssen hier unterscheiden zwischen den seelischen Problemen, die man ausdrücken und denen, die man nicht ausdrücken soll. Es geschieht sicherlich immer wieder, dass uns Unrecht getan wird, und in diesem Fall haben wir auch das gute Recht, uns darüber zu beklagen, anstatt unseren Ärger in uns hineinzufressen – wir sollten uns jedoch dabei nicht vom Zorn hinreißen lassen.

23. Dezember

Wenn wir uns vermehrt geistig mit uns und der Welt auseinander setzen und dabei verstärkt Weisheit und Mitgefühl mit einfließen lassen, werden wir immer wieder mit dem Leiden anderer Lebewesen konfrontiert werden – wir haben dann allerdings auch die Fähigkeit, die Tiefe dieses Leidens zu erkennen und darauf mitfühlend zu reagieren, anstatt in Gleichgültigkeit oder Ratlosigkeit zu verfallen. Wenn wir über das Leiden nachdenken, sollten wir uns dabei jedoch nicht wichtig oder erhaben vorkommen. Weisheit zu üben schützt uns davor. Andererseits ist es schwierig, darüber eine allgemeingültige Aussage zu machen, weil der Mut, die Zivilcourage und die Geduldsfähigkeit bei jedem Menschen unterschiedlich ausgeprägt sind.

24. Dezember

Unsere selbstbezogene Haltung lässt uns oft engstirnig werden; wir glauben, wir seien außerordentlich wichtig und bedeutend, und unser Sinnen und Trachten zielt nur darauf ab, glücklich zu sein und alles allein zu unseren Gunsten zu lenken. Und dennoch können wir nie genau wissen, auf welche Weise uns dies gelingen kann. In der Tat ist es doch so, dass unser nur auf eigenes Wohl bedachtes Handeln uns gar nicht glücklich machen kann.

25. Dezember

Mit wem wir auch zusammen sein mögen, sehr oft denken wir „Ich bin stärker als er", „Ich bin schöner als sie", „Ich bin intelligenter", „Ich bin reicher", „Ich bin fähiger als er" und so fort – wir entwickeln ein hohes Maß an Stolz. Das ist ganz und gar nicht gut. Stattdessen sollten wir bescheiden und genügsam bleiben. Selbst dann, wenn wir anderen helfen und uns in Wohltätigkeitsprojekten engagieren, sollten wir uns nicht überheblich für große Wohltäter halten, die als Einzige den Schwachen in ihrer Notlage helfen können.

26. Dezember

Wir alle sind Menschen, und wir sollten gute und keine schlechten Menschen sein. Werden wir schlechte Menschen, so verlieren wir selbst und die Menschen um uns herum aufgrund unseres eigenen falschen und schädlichen Verhaltens ganz und gar den Frieden. Das wäre von großem Nachteil. Wir müssen danach trachten, gute Menschen zu werden, gute Mitglieder der menschlichen Familie.

27. Dezember

Wer immer andere ausschließt, wird umgekehrt letzten Endes selbst ausgeschlossen sein. Jene, die darauf beharren, dass ihr Gott der einzige Gott ist, tun etwas Gefährliches, weil sie damit auf dem besten Wege sind, anderen ihren Glauben mit allen ihnen zu Gebote stehenden Mitteln aufzwingen zu wollen.

28. Dezember

Es waren einmal zwei Mönche – ein Lehrer und sein Schüler. Um seinen Schüler zu ermutigen, versprach der Lehrer: „Wir machen demnächst einen Picknick." Aber nach wenigen Tagen war alles vergessen. Daraufhin erinnerte später der Schüler seinen Lehrer an sein gemachtes Versprechen, erhielt jedoch von diesem nur die Antwort, dass er jetzt zu beschäftigt sei, um ein Picknick zu machen. Eine lange Zeit verstrich: kein Picknick. Als er erneut an sein Versprechen erinnert wurde, sagte der Lehrer: „Nicht jetzt, ich habe zuviel zu tun." Eines Tages sah der Schüler, wie eine Leiche fortgetragen wurde, und der Lehrer fragte ihn, was denn geschehen sei. Worauf sein Schüler ihm antwortete: „Nun, dieser arme Mann geht zu einem Picknick!" Also: Wenn man für eine Angelegenheit, die man als wichtig empfindet, keinen genauen Zeitpunkt für deren Erledigung festlegt, wird man immer andere Verpflichtungen finden, die einen an der Ausführung hindern.

29. Dezember

Der wesentliche Kern allen geistigen Lebens ist unser Gefühl und unsere Haltung anderen gegenüber. Haben wir einmal eine wahre, aufrichtige Haltung in uns entwickelt, ergibt sich daraus alles andere. Wir können diese aufrichtige Gesinnung entwickeln auf der Grundlage von Freundlichkeit, Liebe und Respekt und der klaren Erkenntnis, dass die Menschen bei allen Unterschiedlichkeiten letztlich doch eins sind.

30. Dezember

Im Namen der Tibeter in und außerhalb Tibets möchte ich allen Helfern und Förderern meinen aufrichtigen Dank aussprechen. Die Zuneigung, Unterstützung und Hilfe, die andere – allen voran Indien – uns zuteil werden lassen, während wir bislang nicht gekannte Härten und Leiden erleben, werden für immer in unserer Erinnerung bleiben und in unserer Geschichte festgehalten sein.

31. Dezember

Durch die Jahrhunderte hindurch haben Millionen von Menschen von den verschiedenartigen Religionen einen nicht abzuschätzenden geistig-seelischen Reichtum und Nutzen erhalten. Es ist bestürzend zu sehen, dass die Zugehörigkeit zu verschiedenen Religionen Streit, Aufruhr und Entzweiung hervorruft. Wenn wir jedoch die unterschiedlichen Religionen genauer betrachten und erkennen, wie viel Gutes sie für den Menschen bewirken können, haben wir allen Grund, für alle Religionen Respekt zu entwickeln.

QUELLENVERZEICHNIS

Die Texte dieses Buches entstammen den folgenden Büchern:

Gentle Bridges, ed. by Jeremy W. Hayward/Francisco J. Varela, Shambala Publications Inc., Boston 1992.

Dalai Lama: A Flash of Lightning in the Dark of Night, Association Bouddhiste des Centres de Dordorgne, Shambhala Publications Inc., Boston 1994.

Violence and Compassion. Conversations with the Dalai Lama, translated by Jean-Claude Carrière, Doubleday, New York 1996.

Mandala. Zeitschrift der „Foundation for the Preservation of the Mahayana Tradition (FPMT)", International Office, California.

Generous Wisdom, ed. by Dexter Roberts, Library of Tibetan Works and Archives, Dharamsala 1992.

Dalai Lama: Dialogues on Universal Responsibility and Education; Library of Tibetan Works and Archives, Dharamsala 1995.

Dalai Lama: Opening the Mind and Generating a Good Heart, Library of Tibetan Works and Archives, Dharamsala 1995.

Dalai Lama: Collected Statements, Interviews and Articles: H. H. the XIV Dalai Lama, Department of Information and International Relations, Dharamsala 1986.

Dalai Lama: Mind Science, Wisdom Publications, New York 1991.

The Dalai Lama: The Meaning of Life, ed. by Jeffrey Hopkins, Wisdom Publications, New York 1992.

Dalai Lama: The World of Tibetan Buddhism, ed. by Geshe Thubten Jinpa, Wisdom Publications, New York 1995.

Dalai Lama: The Good Heart, ed. by Robert Kiely, Wisdom Publications, New York 1996.

Sleeping, Dreaming and Dying, ed. by Francisco J. Varela, Wisdom Publications, New York 1997.

Freedom in Exile by the Dalai Lama of Tibet, Hodder & Stoughton, London 1990.

Dalai Lama/Daniel Goleman et al: Worlds in Harmony, Parallax Press, California 1992.

Dharma Celebration Lectures, Tushita Mahayana Meditation Centre, New Delhi.

Dalai Lama: The Transformed Mind, Penguin Books India, New Delhi 1999.

S. H. der Dalai Lama/Jean-Claude Carrière: Die Kraft des Buddhismus und der Zustand der Welt. Aus dem Französischen von Michael Bischoff, Herder Spektrum 4463, Freiburg 1998.

Dalai Lama: Unsere spirituelle Sehnsucht. Aus dem Amerikanischen von Karl Friedrich Hörner. Herder Spektrum 4758, Freiburg 1999.

Dalai Lama: Einführung in den Buddhismus. Die Harvard-Vorlesungen. Aus dem Amerikanischen von Christof Spitz, Herder Spektrum 4946, Freiburg, 16. Aufl. 2000.

Dalai Lama. Mitgefühl und Weisheit. Ein großer Mensch im Gespräch mit Felizitas von Schönborn, Herder Spektrum 4288, Freiburg, 2. Aufl. 1994.

Dalai Lama: Der Weg zum Glück, hg. von Jeffrey Hopkins. Aus dem Amerikanischen von Johannes Tröndle, Verlag Herder, Freiburg 2002.

Ralf Tooten: Augen der Weisheit. Das spirituelle Gesicht der Religionen, hg. von Bernhard Strathmann, Verlag Herder, Freiburg 2002.

Die Botschaft des Dalai Lama

Dalai Lama
Einführung in den Buddhismus
Die Harvard-Vorlesungen
Band 4946
Die unauslotbare Tiefe der buddhistischen Weisheitstradition – von einer der großen geistigen Gestalten der Gegenwart auf einzigartige Weise erschlossen.

Dalai Lama
Der Weg zum Glück
Sinn im Leben finden
Band 5490
Der Bestseller „Die klaren Worte des Dalai Lama bestechen durch ihre Bescheidenheit, ihre Herzenswärme und profunde Sanftmut" (Münchner Merkur). Knapp und schlüssig: „Die Formel des Tibeters" (Focus).

Dalai Lama
Wie man besser leben kann
Der Pfad des Glücks
Band 5606
Wir können etwas tun für ein erfülltes Leben. Der Pfad des Glücks steht allen offen – daran erinnern diese Texte – voll unmittelbarer Energie. Ein Begleitbuch im Alltag.